U0142322

運動和
競技運動
生理學

北川 薰 著

黃彬彬 郭志輝 譯

第三版序

本書於21世紀的2001年初版發行之後，於2009年修訂第二版發行。初版發行以來，經過了十三年的歲月這次是修訂第三版發行。本版修訂主要重點為增加有關中樞神經系統和高齡者等篇幅。

關於運動和競技運動科學的領域，尤其就生理學觀點的體能而言，因為社會性環境產生很大變化。所以發表了很多新的見識，但是這些新見識確定做為科學內容之前瞻性可能還須花費一些時間。然而，展望未來，這樣的教科書對將來要擔負著新世代的學生仍具有激發其興趣的重大意義。

本書在執筆上的基本性考量是「體能」的理解問題。對初學者而言是歸納運動和競技運動的生理學有關「體能」的「充分必要」的基本性知識。就如在初版也曾經撰述過，本書不可能提供這領域的全部知識需求。但是無論日文或英文，都有許多將本書各項領域予以更深層記載的書籍。如有欲更進一步的探求者，可詳閱這些書，也可以透過大量的學術雜誌了解更多的新見識。

最後，我約40年前有緣分與台灣的教授們獲得長時間的交往，其中之一人是輔仁大學的黃彬彬教授，黃教授不辭辛勞的鼎力幫忙此第三版在台灣翻譯成中文出版。再次的，謹向輔大的黃彬彬教授以及北體的郭志輝教授致以最大的敬意。

著者

2014年1月31日

第二版序

　　本書是著者以30多年在體育學部擔任二年級學生的運動和競技運動生理學的教學經驗，以講課內容爲主軸所歸納的教科書。雖然內容沒有那麼嶄新，可是從著者本身的經驗，運動和競技運動的主修學生如果能充分瞭解書中內容的知識，即使更上一層的學習也比較輕鬆容易吸收。同時本書內容也考慮到可以充分滿足教學條件的需求。

　　茲將運動和競技運動的生理學演進（潮流）簡略陳述如下：

　　當然學習此領域重要的根本問題是必須對人體有興趣。此領域的發展分爲構造和機能兩種方法論。也就是解剖學和生理學。在醫學方面，此兩種方法論構成基礎醫學。當然，與其說解剖學和生理學未必可以單純兩分，不如說對運動和競技運動科學有興趣的人二者不可缺一，都應該理解。生理學領域又分類爲基礎生理學和應用生理學兩類，而從應用生理學分類出來的爲運動生理學。其他分類尚有臨床生理學、環境生理學以及宇宙生理學等。與運動生理學表裏一體的是勞動生理學。

　　另一方面，解剖學在運動和競技運動科學方面是向生物力學領域發展（雖然，生物力學和生理學有密切關係，不可能單純分開）。另外，運動生理學則向競技運動生理學發展。而且，生理學領域也溯及以生化學和分子生物學等生命之根源爲目標。一般而言，科學的進步應該是探索細分化和分析的方法。

　　著者憶起曾經向恩師之一的石河利寬先生請教過有關運動和競技

運動等的生理學問題。言談中得知，石河先生於第二次世界大戰後，在東京大學醫學部的生理學教室努力研究過，但是學習生理學之過程中，曾經因為以人作為研究對象的資料極少而感到失望。想盡了種種辦法，後來得知，德國有包含勞動生理學在內，稱之為應用生理學的國際雜誌"Internationale Zeitschrift fur angewandte Physiologie Einschliesslich Arbeitsphysiologie"（現在的"European journal of applied physiology and occupational physiology"）。雜誌內容揭曉很多以人為對象的研究論文，因此以此雜誌為中心展開學習。因為當時不像目前的資訊網路進步，可以在網路上簡單輕易的查閱所需資料，所以是非常辛苦的研究歷練。即使是現在也是一樣，雖然生理學教科書中有很多基礎性資料，但不是由人體獲得的。著者推想石河先生本身也是運動員，所以激起了從基礎生理學躍進於運動和競技運動的生理學的契機是基於懷有對全體性的人體動作的興趣。這與上述的所謂科學的細分化互相比較之下在某意義上有逆向進化的展現。

著者的直接恩師豬飼道夫先生，從英國生理學者Hill博士獲得有關體能的生理學性解釋的啟發。以豬飼先生對我國（日本）體能科學的貢獻，其影響並不侷限於豬飼先生個人的水準。先生之後在我國（日本）展開體能科學研究中，明示人的體能和動物有不同區別，因而建立了人的體能不可能與動物混為研究的主要基本概念（體能的發揮必須明確瞭解其意義。然而 可能無人知曉如何表現貓的體能）。豬飼先生更進一步致力研究神經生理學，如在本書也有明確指出，中樞神經系統的任務明顯與體能發揮有關，但是有關競技運動與人體的中樞神經系統的研究資料至今尚未充分。不過若欲自科學方面解明人類固有文化之一的競技運動，則對中樞

神經系統作用的研究是不可缺少的。

可以說是運動和競技運動的生理學以及體能學等的第一世代先進們的基本思考，應該有想要瞭解人全身性的能力思維。即使是狗、貓以及蚯蚓等都會運動，但是只有人類可以進行競技運動。況且如訓練，為了滿足自己在強烈的意志下自己本身加上負荷的行動，在其他動物身上是看不到的。即使人類施以調教，也不可能想像得到貓本身會進行肌力訓練。幾乎所有生物，在變化無窮的環境中不得不被動性的去適應所處的環境。如果氣候產生變化，只有適應其變化的生物才能倖存，否則，就會探索著移向可以生存的新環境。

本來，動物本性是吃飽就不會再有捕食行動。所以可說運動是為了捕食的行動，關於這一點，可將之考量為基本性的物種保存行動較適切。然而，人類則喜愛持續自我挑戰非尋常的環境。這肯定是前頭葉發達的人較能完成創造力和上進心的工作，也可以說是向未知世界的挑戰。所以動物為生存的運動和作為人類文化的競技的運動兩者不同之處就在於此。

順便一提，著者本人的博士論文主題是有關「肥胖者的脂肪量和體能之關係」，但是進行研究時發現人體的肥胖問題絕不會消失。因為動物如果不攝食會死亡，所以動物對攝食有強烈的本能。另一方面，為了不浪費能量的消耗，所以不做多餘的運動是合理的行動方式。那麼人類吃飽就會躺著是本性的想法也是適當的。如果想到運動或被動的從事運動是何等的不容易，就不得不承認本能的強韌性。因此非為人種的保存之目的，而是以其他次元的本能所做的運動就是競技運動。

運動和競技運動似乎是相似的行動，但是根本性是大不相同的，而石河和豬飼等的思考根源，肯定是真正的認識到這一點吧！

本書原本就是始終如一的堅持基礎性的內容，以大學低學年的學生在一學期授課15次每次二小時的課程中，可以理解和吸收的程度構成。本次修訂的重點，第一點包含文章的表現，讓讀者較容易明瞭。第二點對初版有若干刪除和追加。追加是簡單的，因考慮以一個學期授課時間為限，所以不適合大幅度追加。

　　一般常使用教科書性的表現，是典型的意思。本書也不例外。本書所使用的資料幾乎都是「平均值」。然而，實際上沒有存在於「平均值」的人。歷經各種各類的不同測驗之後就不難瞭解此道理。在活用教科書的同時，除了瞭解平均值之外，同時也應將個別能力有很大差異的事實深刻於腦海中。所以優秀的競技選手其本身是不可能有平均值的。

北川　薰

2009.3.20.

本書執筆感言

在體育學部，從事運動生理學和競技運動生理學的講課以及研究工作已有20多年。運動生理學的根源屬於基礎醫學領域的生理學是不爭的事實，但是運動和競技運動等生理學的展開已經超越其傳統性的領域和概念。在今日，已佔有運動和競技運動科學根本的一大領域。

以科學性的解釋清楚人體的動作是極為困難的。人體動作可大別分為二。一為代謝系統。此機轉已大部份解明，且近年來已成為健康的運動領域和促進體能向上基本訓練等的重要基礎。另一為腦和神經系統。這是理解運動技術和動作有關的領域，但是要以科學性的解釋清楚人體的動作有其難度。尤其是競技運動的指導者，感到科學不能令人充分滿意的是因為此領域未能解釋清楚的關係。

將競技運動從大的面或當做立體掌握時，此領域只不過是點而已。然而，做為指導者感到無上喜悅的是，依據其知識與實踐的支持，而活用其想像力即可理解運動與競技運動。

最後，陳述較善於理解本書的總結。運動和競技運動的生理學是以生理學、解剖學、生物學以及物理學等多種基礎科學領域為基礎所發展的領域。如果對本書有不易了解的問題，希望務必回到那些基礎領域。因為競技運動科學必須擁有總合性的知識。

本書應該是市村出版值得紀念的首冊。社長市村近先生長時間從事體育學研究書籍的出版，可說是擔任研究者幕後主角之角色，且有如體育

界的活字典的人物。當社長新出發之際，可以彙整本書實在感到無限的光榮，在著者執筆之際對市村先生的激勵謹致最誠摯的謝忱。

〔正當迎接21世紀之際〕

著者

2000年12月15日

台灣出版序

　　回想第一次拜訪台灣是在1979年。大概是從東京大學轉到中京大學任教的第二年吧！與台灣結緣的機會是在東京大學教育學部體育學研究室當助教期間，有緣認識從台灣到本研究室的黃彬彬和林正常等兩位客研教授，並擔任照料他們研習期間的一些有關事項。原本，兩位教授是被派遣到東京教育大學體育學部運動醫學研究室當客研教授。可是，據聞正當東京教育大學轉移到筑波大學之際，因爲當時設立在東京的新宿區幡ケ谷的體育學部，正處於開門休業狀態，因此轉到東京大學研習。豈知因而成爲交往幾十年的機緣，似乎是冥冥之中的安排。

　　本人從1979年以來，參加體育學術交流研習會台灣運動生理暨體能學會、大學間交流訪問以及出席中京大學同學會等，多次拜訪過台灣。在這樣的交流之中強烈地感覺到翻譯出版有關《運動和競技運動生理學》的動機。也許太冒昧了，但是從我的專業領域而言，印象中，台灣從生理學或運動生理學階段向競技運動生理學方面的發展有稍感不足的現象。

　　據聞，台灣方面運動（exercise）和競技運動（sport；sports）被視爲同義使用。一般認爲運動（exercise）是指人類活動的客觀事實。如手指活動或腳趾活動稱之爲運動。至於競技運動（sport；sports），不用説也無須追溯其語源，它不僅是指運動而已，更具備有做爲人類強健意志力和主觀參與的意義。而狗和貓等動物，即使有運動但是沒有競技運動的表現。

拙著《運動和競技運動生理學》有曾經是東京大學教授的已故恩師豬飼道夫的思考基礎。體能應置於根據精神和身體兩方面聯合發揮的基礎上。豬飼道夫教授是位醫師也是生理學者，教授的生理學思考價值在於他認爲生理學不是以動物的實驗資料爲基礎的研究學問，而是應該以人類爲主體考量的學問。由生理學發展成爲運動生理學或勞動生理學，並且從其發展衍生以及賦予競技運動生理學的位置。運動生理學或勞動生理學可以說是以醫學爲主體的領域。可是，轉變成競技運動生理學時，就是體育和競技運動學者可以取而代之爲主導的領域。

　　希望本書對台灣的競技運動科學界多少有些助益。而且有勞黃彬彬和郭志輝兩位教授負責翻譯工作，以及對接受本書出版的五南圖書出版公司等表示充分謝意。並且對在台灣翻譯出版而把版權無償提供的（有）市村出版深表謝意。

北川　薫

2014年1月飄雪中於校長室

李 序

　　本書之原作者爲日本中京大學校長北川　薰博士教授，他是東京大學博士留美的一位運動生理權威學者，且對台灣甚爲友善，曾多次來台灣講學，且與本地學者建立誠摯的友誼。北川教授於2001年擔任中京大學體育學院院長，2006年擔任國際長，2007年擔任擁有一萬三千人的私立綜合大學－中京大學校長，還是日本體育學會副會長及日本全國大學體育聯合會副會長。

　　黃彬彬教授是早期中華民國女子籃隊國家代表隊（良友隊）健將及輔仁大學資深教授，也是第一批教育部選送至日本進修運動生理學之學者，是極少數精通日語文並擔任日本運動科學口譯及瞭解日本文化之教授，因爲她的關係使得台日體育學術交流持續不斷，貢獻良多。退休後還繼續教授輔大日文，頗受學生歡迎，此次承北川校長答應無償讓出本書新版台灣翻譯權。另一位譯者是台北市立大學體育學院（北體）郭志輝教授，也是早期留日之運動生理資深教授，協助部分翻譯，更是如虎添翼。

　　《運動とスポーツ の　生理學》，譯成《運動和競技運動生理學》，如用英文則爲"exercise and sport physiology"，好像更能表達清楚些，exercise physiology（運動生理學）包括生化、能量代謝、心肺功能、血液學、血液動力學、骨格肌肉學、神經內分泌功能，這些內容都是較偏向基礎醫學部分者。而競技運動生理學（sport physiology）則爲較晚發展出來之學問，爲了競技運動項目得勝之目的而有之「競技運動生理

學」，「競技運動」日本採用外文語スポーツ，好像較簡單易懂，而中文則以「運動和競技運動生理學」來表達，而中文中「運動」（exercise）這一詞，則有些模糊不清，事實上"exercise"在營養學界也有以「活動」來表示，好像中度運動量之活動等。本書內容涵蓋「運動」和「競技運動」兩者之生理學，內容豐富新穎，因此在日本頗受歡迎，今年（2014年）已是修訂三版了。

　　總而言之，本書對體育、運動健康休閒、復健、營養等系的師生，均為值得選用之教科書，故特別推荐之。

李寧遠

輔仁大學第五任校長

輔仁大學民生學院創院院長，輔仁大學食品營養系系主任

國立體育大學運動生化學及運動營養學教授兼訓導長

台灣營養學會前理事長，家政學會前理事長，生活應用科學會前理事長

台灣健康管理產業協會現任理事長

輔仁大學兼任教授

葉 序

　　本書作者北川　薰教授，現任日本中京大學校長，係日本近代運動生理學泰斗－豬飼道夫教授之得意高足，潛浸運動生理學研究逾四十年。為教學及研究之需，將三十多年來大學教學之「運動生理學」講義，彙整成冊的出版，於2000年初版，繼之2009年再版，再繼2014年三版，頗得日本運動科學界推崇，也深受學生購置及閱讀。本書共五章十六節，立論正確，內容落實，將龐雜瑣碎運動生理學內涵，歸結為體能、神經系統、肌肉系統、運氧系統等四大核心，而應用於運動者、競技運動者、高齡者等範疇內，本書理論與實務兼籌、圖形與表格並顧、內容精短、文字清晰易讀等最具特色，尤以《運動和競技運動生理學》之書名，更屬國內外創舉。本書中文版能在台灣發行，對濃化我國運動生理學研究風氣及研究水準提昇，必有助益。

　　本書翻譯者黃彬彬教授及郭志輝教授，早年負笈東瀛，專攻運動生理學，學成歸國後，在各大學擔任運動生理學教學及研究工作已逾半世紀；從事學術研究精博深奧，著作等身而望重士林，是我國運動科學界傑出研究者。渠等日文造詣精湛（黃教授在輔大兼日文課教學），思路清晰且縝密，無論是焦點掌握、文意解析、內容鋪陳等堪稱一流；而文法修辭、語文表達、成語運用、遣詞用字等均顯露渠等深厚日文能力；不但將原著翻譯成四平八穩通順，而且文筆粲爛意境深遠呈現，洵屬罕見之日翻中運動專著。黃彬彬教授是允文允武，且學貫中日之學姊，郭志輝教授是師大同

窗共硯且治學嚴明之同學，渠等共同執筆翻譯完成首本日翻中之運動生理學大著，故在付梓之際，樂綴數語為之序。

葉憲清

前國立體育學院第三任校長

現國立體育大學榮譽教授

鄭 序

　　在坐式生活的今日社會，因爲身體活動量減少引起的文明病，成爲現階段社全球必須面對的重要課題。而運動又是各界推薦最簡單易行的策略，透過規律的運動讓全民運動成爲風潮，不但可以提升國民體適能，並對於國民健康、降低醫療支出及社會成本，提供實質效益。因此，動態生活也成爲21世紀後各國政府推動國家體育運動政策最重要的主流政策與核心內容。教育部體育署在2013年公布的《體育運動政策白皮書》即清楚提出「運動健身快樂人生」的宗旨，做爲推展全民運動的核心目標。

　　而競技運動追求的是運動技術的卓越表現，人類體能的登峰造極。因此，在訓練過程中必須充分掌握運動員生、心理狀況，並輔以醫學、營養學、生物化學、運動生理學、運動生物力學、運動心理學……等相關理論知識，提供訓練過程的合理化與效率化，以增進人體最大限度的運動能力與適應能力。由是之故，神經系統、肌肉系統、氧氣輸送系統、能量系統、營養、體重控制及環境等影響運動表現的重要因素，即成爲研讀競技運動生理學時的基礎知識。並透過瞭解運動表現的生理機轉，以及如何提供最有效益的支持系統，讓運動表現不斷挑戰極限，攀登高峰。

　　《運動和競技運動生理學》（日文版）係日本中京大學校長北川薰博士之大作，自2001年出版發行以來，經13年的時間，業已是第三版之發行，其在日本廣受好評可見一斑，該書並做爲主修體育、競技運動、與健康科學大學部及研究生之重要教科書與參考書。全書共分爲五章，分別對

體能概念、運動和競技背景、體能測量、訓練與效果及高齡者的運動和營養攝取做最完整之介紹與理論闡述。

　　兩位譯者黃彬彬教授、郭志輝教授皆為留日著名學者，也長期在大學教授運動生理學相關課程，並有豐富的研究論著與成果。其專業學術背景輔以流暢日文能力，讓中文譯本暢達易讀，對讀者而言，咸信能在最短時間掌握其精髓。

　　在本書出版之前，個人有幸得以先拜讀，也深為其內容所吸引，謹向熱愛運動、追求健康的朋友鄭重推薦這本好書。

鄭志富　謹識
國立臺灣師範大學副校長

譯者序

　　這本運動和競技運動的生理學專書翻譯自日本（有）市村出版之第三修訂版《運動和競技運動生理學》一書，作者是日本中京大學現任校長北川　薰博士。值得慶幸的是五南圖書出版公司獲得日本（有）市村出版無償授權版權於台灣翻譯成中文書出版，由黃彬彬教授與郭志輝教授共同完成翻譯，即將於日內在台灣發行。目前為止，國內引進有關運動生理學的翻譯書主要以歐美為主流，很少有翻譯日本的原著。本書在日本是體育、競技運動以及健康科學的一系列教科書之一。本書理論和實務並用，圖文並茂，暢達易讀，是適用於攻讀體育、競技運動以及健康等科學的專長研習者的教科書和參考書。

　　譯者們在國內體育專業大學從事運動生理學教學與研究多年經驗，認為本書最大特點除其理論的陳述及筆法方式，能影響初次學習運動和競技運動的生理學者之興趣、使學習者能以最短時間掌握精髓。適合一般人以及體育運動專業學生之使用外，更能闡究運動生理學和競技運動生理學的異同，以區別體育和競技運動學者與醫學專業領域者之主導性。尚且指出人與動物的運動不同之處在於人有競技運動表現而動物則無，因此研究人的體能，不宜僅以動物的實驗資料為研究基礎，尚需以人的實際實驗作為研究的重要理念。

　　學無止境，各學術領域皆然，譯者們以多年的運動生理學之教學與研究經驗，斗膽受託翻譯此書，盼此中譯本問世有助益於臺灣體育運動專業

及相關學術研究者之學習與研究。在翻譯過程中譯者們互相校對修正，力求完整，然難免有疏失忽略之處，尚請讀者不吝指正勉勵是所至盼。

黃彬彬、郭志輝　謹識

2014年3月

目錄

第三章 │ **體能測量（體能測驗）**

第一節　形態

一、身體組成

（一）直接測量法－密度法和基本的測量

第一章　體能概念

　　當思索運動和競技運動生理學應有的領域時,是無法避免透過對體能的想法去理解的。運動和競技生理學的目的,是了解人體運動時身體產生的變化,以及研明從事某種身體動作時肉體所產生的機轉。終其目的,主要的是透過生理學的知識理解體能的背景,以探究促進體能向上的最好策略。

一、體能的解釋

　　以往對體能的認知,已有許多學者專家提出很多不同的見解陳述,從其中提出幾個陳述以窺視體能概念之演變流程,得知先人們共同的理解點是「體能是身體的活動能力」,但是基本上沒有考慮到安靜時的身體狀態。茲以朝比奈(1968年)對體能的解釋為例說明如下,但請注意,朝比奈另外考慮到與健康之差異性陳述體能之概念。

　　「體能是個人擁有的身體能力,而健康則為可以充分發揮其體能的個人精神性的身體狀態。因此體能得以在某程度內將各機能或項目別的各種能力等,常給予階段性的數據量化。但是對健康而言,量化性評價是困難的,一般性常用的健康指標也是一種大約性的概念而已。」

　　如上所述,體能和健康有不同的概念。眾所皆知,體能可作為數值的測驗,而健康係屬狀態,全身的身心狀態是無法直接測驗的。然而,事實上體能和健康本質性有其密不可分離的關係。如果缺少健康則無法充分發揮體能,缺少某程度的體能,也不能稱為健康。

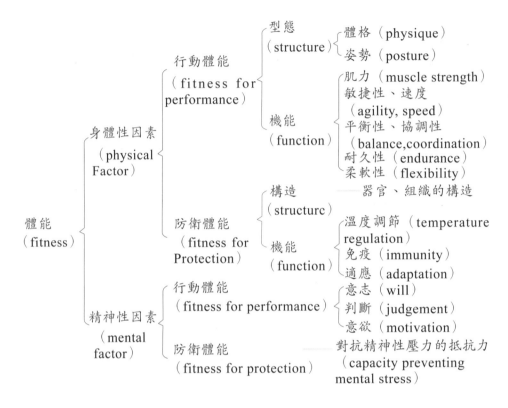

圖1　體能的分類

（豬飼：運動生理學入門，杏林書院，1966）

　　我國（日本）的體能概念，其分類和結構，深受圖1所示的依據豬飼體能分類（1966年）的影響。豬飼的體能分類特徵，是首先將身體性因素和精神性因素分類解釋。然而，被指摘為過於廣泛性的分類。相對的，很多研究者，如石河則將精神性要素類屬精神力而和體能分開的概念進行解釋。對豬飼的身體性因素中的防衛體能的解釋雖可以概念性的理解，但是近年才有更具體的積極性研究進展。因此，一般傳統性的都以豬飼的身體因素中的行動體能視為對體能的理解。所以可以說隨著學術領域、時代變遷以及立場不同等對體能有不同的解釋，並非一概而論。

　　例如有些中等學校和高級中學的保健體育教科書，把圖1之身體

性因素的行動體能的機能項目加以整理，有關肌肉系統列為「發揮運動的能力」，呼吸循環系統列為「持續性運動的能力」，腦、神經系統列為「調整性運動能力」等，將體能簡潔歸納並解釋得更容易了解。

從這些教科書亦可瞭解，如果缺少能量的產生是無法解釋體能，而如宮下（1980年）所後述的，根據肌肉收縮能量供給機構，提示分為高強度能量、中等強度能量以及低強度能量等概念，而展開設計適宜的體能測量裝置和訓練項目的計劃。

另一方面，也有從健康的立場解釋體能的流程。依照過去，有關體能概念通常都以競技運動選手為主要對象，或至少以健康的人為對象，而以其最大運動能力為基礎去考量其運動體能的方式。在此「強壯」和「快速」成為體能的重要因素。然而，從1970年到1980年代，健康體能的呼應聲高漲，健康體能廣受重視。依健康體能概念，其體能因素包括有肌力、肌耐力、全身耐力（心肺功能）、柔軟性以及身體組成等。如圖2所示，是美國人Pate（1983年）的體能分類。在此所提及的「運動能力」相當於圖1豬飼的體能分類中的「行動體能」。然而必須注意的是健康體能方面幾乎沒有包含後述的無氧性能量供給系統所提供的無氧性動力（anaerobic power）的體能因素。

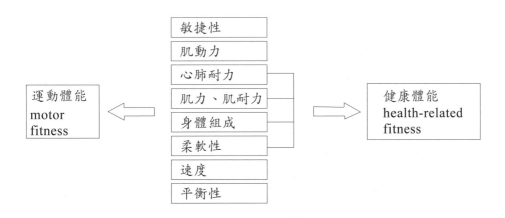

圖2　運動體能和健康體能的因素

（Pate：A new definition of youth fitness.The Physician and Sportsmedicine 11(4)：77,1983）

二、體能測驗

　　體能概念和解釋未必一致，所以體能測驗的方法也不是都相同。即使相同的體能因素測驗，在研究室的實驗測驗方法和在運動現場的測驗方法，隨其測驗目的、精確度以及解釋等，有很大的個別差異。

　　生理學性的體能測驗，如果採用精確度較高的測驗方法，除測驗員應具備有充分專業知識之外，還必須具備有高度精確的測驗儀器和設施，而且測驗必須花費很長時間，也增加受測者的負擔。相對的，學校體育一貫進行的體能測驗方法，測量儀器便宜且簡便，即使測量員不是具備高度能力的專家也無妨，且可以在短時間內測驗很多人。但相反的，其缺點為不能掌握較正確的體能因素。所以運動指導者之中，甚至有些人不理解這些情況，因而否定體能測驗的意義。如表1中的步驟一所示的體能測驗，以此作為優秀競技運動選手的體能評價，有無法掌握競技運動選手實際能力的困難存在。

　　體能測驗，從生理學性觀點而言，有各種不同水準的測驗。作者將有關體能因素和測驗方法（測驗項目），經由整理、分類，彙整如表1「體能測驗步驟三」所示。概略而言，步驟一是日本文部科學省的體能測驗和健康體能測驗。步驟二是彙整測驗設備比較完整的體適能中心（physical fitness center）的測驗。步驟三相當於大學和研究機構的測驗。雖然以競技運動項目別的體能測驗沒有列於表上，但擬設置為步驟四的位置，步驟四是以追求競技運動特殊性為觀點的測驗。例如有關全身性耐力（心肺耐力）的最大攝氧量，一般是使用跑步機（Treadmill）的跑走測驗。而游泳選手則使用回流水槽測驗。自由車競技選手則使用將把手和踏板換成競技用的腳踏車測功計（Cycle Ergometer）測驗，此儀器比一般腳踏車可用較高踏板旋轉數的測量，故可以更進一步了解這些競技的特性。

表1　體能測驗方法的三步驟

體能因素	步驟一	步驟二	步驟三
〔形態〕			
身高	身高計	自動式身高計	自動式身高計
體重	精確度500g單位彈簧式體重計	精確度20～100g單位的秤重傳感器（load cell）式數位數（digital）表示的體重計	精確度20～100g單位重量感應器（load cell）的數位式（digital）表示的體重計
周徑圍	捲尺	捲尺	捲尺
身體組成：肥胖判定	皮脂夾（caliber），B1式體脂肪計身體質量指數（BMI）肥胖度	超音波皮下脂肪計、皮脂夾（caliber）	密度法
姿勢		形態攝影裝置	脊柱彎曲測量裝置形態攝影裝置
〔機能〕			
肌力	彈簧式肌力計（握力、背肌力）	重量感應器（load cell）式肌力計（握力、背肌力、腕力、腿力）	等速性肌力測驗裝置
動力（無氧性）	垂直跳	腿伸展動力、登階動力	POWERMAX-V,血中乳酸
敏捷性	反覆側滑步、棒反應時間	體肢反應時間、全身反應時兼	跳躍反應運動（EMG反應時間）
平衡性	閉眼單足立	身體動搖計	身體動搖計
全身耐力（心肺耐力）	折返跑（shuttle run）	PWC75%HRmax推算$\dot{V}O_2$max	$\dot{V}O_2$max、血中乳酸、無氧閾值（AT）
柔軟性	伸腿坐姿體前彎	關節角度計	關節角度計

表1〔備註〕

(1)用語也包含有商品名。

(2)步驟一 ～ 步驟三是較高水準的人，必須要有裝置、經費和時間。

(3)去除室外的測驗項目。

(4)日本文部科學省的體能測驗相當為步驟一。

(5)競技選手使用的測驗，必須以不同競技項目分別檢討。表一中的步驟三，是不同競技的共同測驗項目。而步驟四考慮則為不同競技別的各別測驗項目。

第二章 運動和競技運動的背景

第一節 神經系統

神經系統比肌肉系統和呼吸循環系統都難以理解。其理由之一是，因很難將神經系統具體性的定量化。幾乎所有體能測驗，也只能透過肌肉、心臟以及肺等作用，才能了解神經系統的機能。例如反覆側滑步和閉眼單足立等，雖然是神經系統機能的體能測驗，但是這些測驗成績肯定受到腿肌力優劣的影響。因為神經系統是體能幕後的主使者，其作用不容易出現於表面。

另外尚有對神經系統的理解存混亂的理由，是一般日常生活上常使用的神經用語和生理學性的理解有些認知上的差異存在之故。例如所謂「良好反射神經」的表現，一般日常生活上用於被解釋為可以快速完成動作之意，有不少人誤解為體內真正有反射神經的存在。因為雖然有反射作用但實際上並沒有反射神經的存在。相同的，因為有所謂「良好運動神經」的表現法，所以形成對體內的運動神經機能有優劣的誤解。除此之外，雖然說有「神經粗線條」等的表現，但是都與生理學性的解釋完全不同。

不管如何，在日常生活中，人內心所想的動作表現或動作的質與量，有很多情況都要仰賴神經的表現。所以有必要對神經系統的解剖學性和生理學性等的理解加以特別關注。

還有，有關神經系統的研究，因近年來腦信號儀器測量技術的進步而急速發展。尤其是可以使用高空間分解能計測腦活動的機能性核磁共振繪像法（functional magnetic resonance imaging；fMRI），以及可以使用高時間分解能計測腦波（electroencephalogram；

EEG）和腦磁圖（magnetoencephalogram；MEG）等，都是解明人體動作的中樞機轉的有效方法，可見腦信號儀器測量技術在神經系統的研究上其功能是何等重要。

一、神經元（**Neuron**）的構造和機能

　　神經細胞係構成神經系統及其根幹之最基本單位，又稱之爲神經元（Neuron）。如圖3所示，爲達成各種不同目的，而形成各種不同形狀的神經元。神經元由細胞體（cell body），軸突（axon）（爲纖維狀，又稱神經纖維）以及樹狀突（dendrites）構成。如在圖中的運

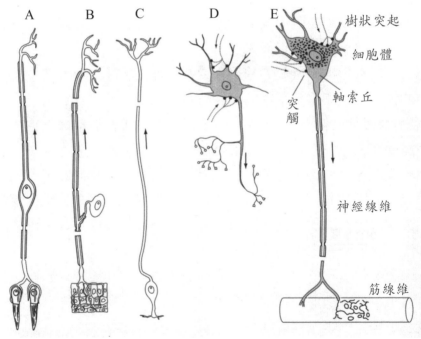

A：聽覺神經元; B：皮膚感覺神經元；C：嗅覺等的感覺神經元；D：中間神經元（internouron）；E：運動神經元

圖3　各種神經元

（真島；生理學，文光堂，1985年）

動神經元所示，神經元與其他神經元連絡部分，稱爲突觸（synaps-es），突觸存在於細胞體或樹狀突。從上位中樞神經的刺激進入突觸，透過神經纖維傳達於肌纖維。與肌纖維連絡部分，稱之爲神經肌接合部（運動終板），其構造性是屬突觸之一種。而運動神經元的神經纖維外層覆蓋著一層絕緣體的許旺（Schwann）髓鞘，因是有髓纖維，有快速傳達刺激的作用。

　　神經元的刺激是一種電流的傳導。無論音或光等的刺激，皆在感覺受納器變換成電氣化活動。所有細胞的興奮都是一樣的，但是興奮是表示電氣化的正或負的簡單現象。神經元的興奮也是一樣，神經元有如透過電流傳導刺激的電線，且與電線相同，一個神經元的電流向兩方向傳達。然而，跨越過突觸就不會有逆流現象。所以神經迴路的興奮傳導是單行道。這樣的神經元的傳導速度是與神經纖維的粗細成比例，但是神經纖維的粗細，與如前述的一般人常用以形容用心粗魯的「神經纖維粗」是毫不相干的。

二、神經系統的作用

　　神經系統更重要的任務，在於將肌肉和內臟等體內各器官，統整歸納爲人的總合體，並控制身體能做出對應某目的的動作（神經調節）。以心臟移植爲例加以說明，即使體內器官被取出，也還可能活著，但是心臟就不可能順應身體活動狀況，供給身體各部位的氧氣和營養等作用。體液雖然與神經系統有相同的作用（體液性調整），但是其反應速度比神經系統慢得多。

三、神經系統的結構

　　如圖4和表2所示，神經系統分爲中樞神經系統和末梢神經系統。中樞神經系統分爲腦和脊髓兩部分，然而，解剖學者藤田

（1985年）指出，表2中的腦幹雖然是重要的稱呼，但並非正規的解剖名，而且也有認為腦幹不應包括間腦，所以對腦幹的稱呼範圍，因研究者不同而異。然而，現在稱腦幹是延髓、橋腦及中腦等的總稱，間腦不含在腦幹的學說較多。

末梢神經系統分為體性神經系統和自律神經系統兩種。體性神經系統和自律神經系統有離心性神經或向心性神經。所謂向心性是指向著中樞，而離心性則是遠離中樞之意，而各末梢神經都表示著其構造性和機能性的特徵（參考圖9）。

如前述的形成神經系統作用的主體是中樞神經系統，其作用是收集來自末梢神經等的感覺訊息，向各器官發出命令的指示。其中，有未達意識層次的反射，也是重要的中樞神經系統作用。相對的，末梢神經系統是聯繫中樞和各器官，只是刺激

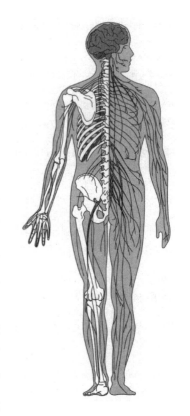

圖4　人體神經系統

的傳導路線。其與中樞神經系統構造上之差異，在於沒有突觸，所以產生的反應是不會在中途變更的。因此，如前述「運動神經良好」的日常性用語表現，做為末梢神經的運動神經機能而言，在生理學上是完全沒有意義。而且，人人都具備反射機能，但是沒有反射神經。

表2　神經系統之構成（參照本文）

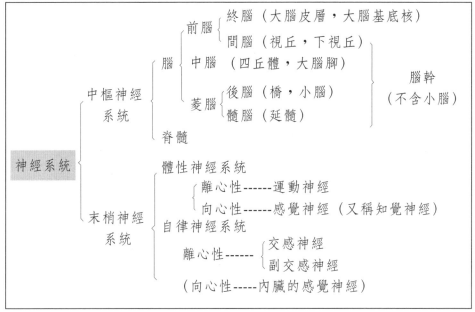

（真島：生理學，文光堂，1985年構成）

四、中樞神經和身體運動

中樞神經如何參與身體運動，從主要的上位腦依順序說明如下：

（一）大腦皮層

大腦皮層按細胞構築學的分類，約分成50個領域，以門牌號碼的數字顯示。其中第四區為運動區，由此區的貝茲（Betz）大錐體細胞發出刺激成為肌肉運動的導火線。此刺激透過離心性纖維束，經由延髓的錐體路，直接通達脊髓的運動神經元。第四區（運動區）正確有規則的配置著支配身體各部位運動的各種不同領域。依據Penfield和Rasmussen（1950）所提出之表示第四區（運動區）的身體部位再現圖（圖5）即可瞭解。

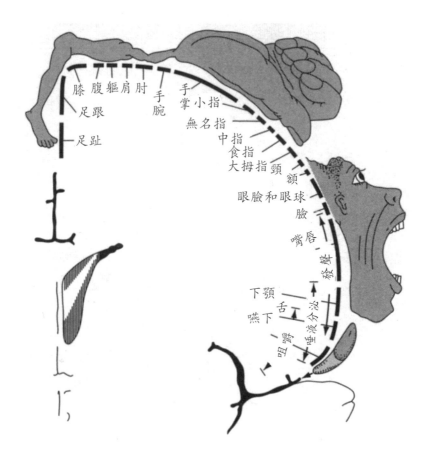

圖5　第四區（運動區）的身體部位再現圖

（Penfield & Rasmussen：The cerebral cortex of man.Macmillan Publishing Co.,1950）

　　終止於脊髓前根的運動神經元上的運動性中樞路徑，除錐體路以外尚有一路徑，稱之為錐體外路。此路徑是由大腦皮層下的大腦核群、網樣體以及小腦等發出，從延髓的網樣體到達運動神經元。進行調節和抑制習以為常的走路等無意識性動作。以輔助錐體路系統隨意運動的不足，使動作完成得更圓滑。

　　錐體路是哺乳類隨著大腦新皮層的發生產生哺乳類才出現的運動路徑，而錐體外路則是從動物身體機能尚未發達階段就已存在的運動

路徑。

（二）小腦

　　小腦具有可以調整與主運動有關的來自肌肉和肌腱的感覺訊息、視覺和加速度訊息、以及大腦皮層連合區域訊息等，進而調和主運動的功能，也進行身體動作和姿勢協調作用。所以小腦扮演著運動程序必要的任務，以及可以在無意識狀況下進行適當運動的重要角色。

（三）腦幹

　　腦幹包括：中腦、橋腦和延髓等。其位置爲各種向心性和離心性等神經纖維通路或中途站。可調節身體平衡、保持姿勢以及調節四肢-軀幹的定型性的運動等。腦幹爲各種姿勢反射中樞的所在處。而延髓網狀體有呼吸以及心臟和血管運動等中樞，是進行維持生命不可缺少的自律機能的統合。

（四）脊髓

　　脊髓爲腦的原型，存在於脊椎骨的脊柱管中，脊髓灰白質的前角有末梢神經的運動神經元的細胞體，從此發出運動神經元的神經纖維。脊髓灰白質的後角是感覺神經元的神經纖維入口。脊髓也是感覺神經元和運動神經元直接接觸的地方。也是後述的膝蓋腱的反射中樞。與中樞連絡路徑的上行性纖維和下行性纖維則存在於包圍著灰白質的白質內。也就是脊髓的灰白質分布在內，白質分布在外。上行性神經纖維（感覺神經）是將豐富的向心性訊息透過感覺神經上傳至上位中樞，而下行性神經纖維（運動神經）則將來自大腦皮層、小腦以及腦幹等最終指令的離心性訊息傳達至運動神經元。

　　如上所示，人們進行順暢運動時，經常在無意識中需要有很多的判斷和處理。所以形成運動程序時，正確動作的反覆練習很重要，其結果，中樞神經系統才能構築最適合於該運動的神經迴路。且爲維持

此神經迴路，持續訓練是不可缺的。神經迴路可比喻爲電腦的程序，而兩者最大的差異是，如果人的神經迴路缺少反覆適切刺激，即使已成立的神經迴路，也不可能發揮正常的機能作用。

五、中樞神經層次參與身體運動的差異性

　　以股四頭肌收縮，即膝關節伸展爲例，觀察有關中樞神經參與同一部位肌肉之差異性。此運動有膝蓋腱反射運動和跳躍反應運動等。如圖6所示，都是共有相同末梢神經路徑的動作。

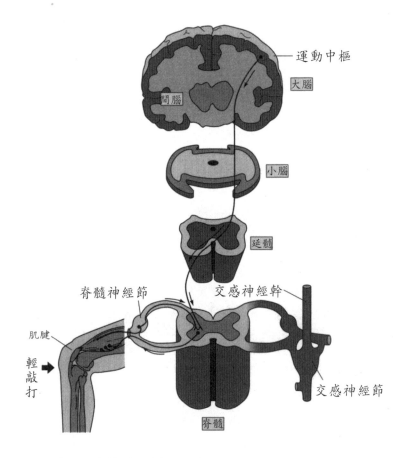

圖6　膝蓋腱反射運動與跳躍反應運動之比較

　　眾所皆知的膝蓋腱反射的反射運動，係以雙小腿下垂的坐姿，輕敲打膝下的股四頭肌肌腱，即引起下肢的伸展運動。其理由是因輕敲打股四頭肌肌腱，引起大腿股四頭肌的肌梭（muscle spindle）伸展，而來自肌梭刺激的衝動經由末梢神經的感覺神經元的Ia神經纖維向上傳達到脊髓。其刺激讓在脊髓的末梢神經的運動神經元的α神經纖維興奮，使股四頭肌收縮，引起小腿的伸展動作。

　　如上述的運動，參與的中樞神經是最低層次的脊髓，與大腦沒有關係。如此的反射運動，因為不可能以意志力表現，所以亦稱之為不隨意運動。膝蓋肌腱反射運動所需時間約為0.02~0.03秒。

　　跳躍反應運動，又稱為測驗全身反應時間的測驗。當看到作為刺激的燈光亮起時立即快速向上跳，測量從燈亮到足部離地的時間，根據其測量時間判定其敏捷性是否良好。光刺激眼球的視網膜，其刺激再傳導於視丘、感覺區以及運動區等中樞神經內，最後經由錐體路刺激到達大腿股四頭肌的α運動神經元。此反應所需時間是0.3~0.4秒。圖7是使用肌電圖和壓力盤等測驗的結果。EMG（肌電圖）反應時間是神經系統的傳導所需要時間，只有神經系統的傳導就需要費時0.15秒。

　　此種反應運動和反射運動不同，反應運動是不可缺少根據「看到燈亮即向上跳」的記憶判斷，所以必須有高度的中樞神經之作用。因此，即使只單純的考慮其神經路徑的長度也可了解。與反射運動比較，反應運動引起反應的時間較長，且這種反應運動是隨意運動，有別於屬於不隨意運動的反射運動。反應運動需要有判斷時間，經過訓練可能縮短判斷的反應時間。

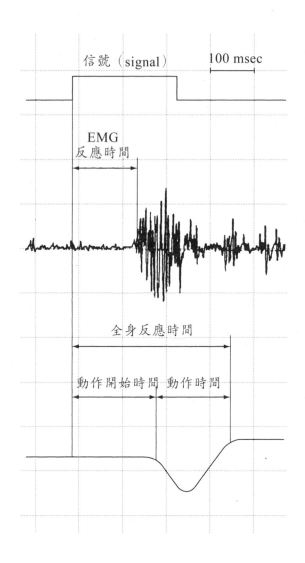

圖7　跳躍反應運動的紀錄

六、中樞的特定區域

　　圖8是使用機能性核磁共振繪像法（fMRI）明確表示中樞（大腦皮層）的運動區（能看到的白色部位）。此運動是30秒鐘的「右手剪刀、石頭、布」的猜拳動作和30秒鐘的什麼也不做保持安靜狀

態，如此反覆三次。此運動因為是使用右手進行，所以由圖上可看到左邊運動區顯示一次暫時性的活性化。

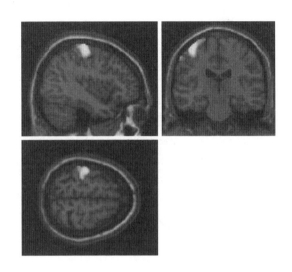

圖8　右手運動的腦活性化

（中京大學　荒牧　勇先生的好意提供）

七、刺激、反應和回饋（feedback）

　　人類生命體的基本方式是對某種刺激產生適當反應。人對刺激產生反應的流程如圖9所示。人受外界刺激時，由末梢受納器的皮膚、平衡聽覺器、視覺器、嗅覺器以及味覺器等接受刺激，經由感覺神經傳達到中樞神經，中樞神經適切的處理後，經由運動神經，引起肌肉或腺體反應器活動的反應，如前述，跳躍反應運動的刺激源是光，反應是跳躍運動，其需要時間為0.3~0.4秒。

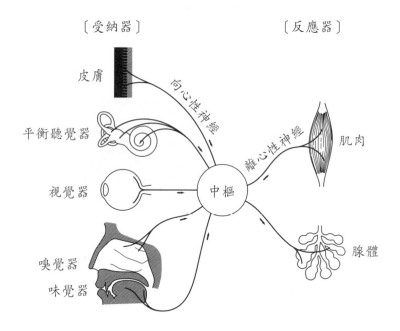

〔受納器〕   〔反應器〕

皮膚

向心性神經

平衡聽覺器

離心性神經

肌肉

視覺器

中樞

嗅覺器

味覺器

腺體

圖9　神經訊息的流程

（藤田：人體解剖學，南江堂，1985）

　　以接球為例說明，將投擲過來的球作為光的刺激，刺激視覺器的視網膜，此刺激使向心性的感覺神經元興奮，此衝動被中樞神經的視丘、視覺區以及連合區等處理，最後，透過運動區的下行性神經連鎖，到達脊髓離心性的運動神經元。於是使手臂和手等活動的肌肉，掌握適切時機性和適切強度的興奮。而這一連串的動作，即使動作途中也可被修正。如果判斷投擲過來的球比預測快速時，則以較快速的身體動作接取飛越過來的球，即使正要接球的瞬間，除身體動作快速變化之外，也依賴手指的刺激調整接球的力量。如此，即使第一次判斷做出的動作也可藉由感覺到的新刺激（狀況變化）修正動作，使動作做得更為適切的功能，稱之為回饋（feed-back）。人的動作，並不是對某種刺激一旦決定之後就不會改變反應，因回饋作用，不斷的進行微調整反應，以期產生最適當的動作。如圖10所示，是生命體的刺激–反應–回饋等一連串流程的統整。

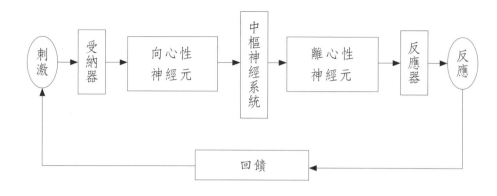

圖10　刺激、反應和回饋

（宮下、石井編：運動生理學概論，大修館，1983年）

　　雖然，高位的中樞神經（大腦）參與的意識性運動可進行回饋，但是如前述膝蓋腱反射運動的下位中樞神經（脊髓）的反射運動則沒有回饋機能。

八、神經支配

　　全身肌肉以及各器官都根據神經系統受中樞的支配，稱之為神經支配。因此，各器官的活動程度，是反映支配其器官的中樞神經興奮的程度。

　　關於肌肉的神經支配比，對理解神經支配方面很重要。一條運動神經元支配著數條肌纖維，這條運動神經元和肌纖維的組合，稱之為運動單位（motor unit；MU）。以解剖學而言，收縮的最小單位是肌纖維。但是因一條運動神經元同時支配著數條肌纖維，所以機能性而言，運動單位成為收縮的最小單位。

　　如此的一條運動神經元與其支配的肌纖維數，稱之為神經支配比。神經支配比意味著肌肉作用的大小。例如用力踢地面，主要作用的小腿後面的腓腸肌，其神經支配比為1：500。所以需要一次即集中大力量，則神經支配比大的表現較好。相對的，控制眼球的眼肌，

其神經支配比為1：5，因眼肌不需大力量而需細微精巧的動作，所以神經支配比小較有利。此意味著，神經支配比成為有關動作靈巧性的解剖學性背景。還有，神經支配比的差異，如圖5所示，反映出大腦運動區內所佔的中樞神經細胞的數目。且這神經支配比可因運動訓練而改變，運動區所支配之身體運動部位與各區域範圍大小也會改變。所以可以說神經系統持有顯著性的可塑性。

豬飼（1966年）曾以分化概念表達動作的靈活度，例如彈鋼琴，初學者各手指很難完全獨立使用，欲活動某肌肉時，其鄰近而不是目的的肌肉卻也參與活動，也就是非目的肌肉也動了。其原因是中樞神經產生混亂狀態，而訓練可以消除混亂狀態，此稱之為分化。如果將神經支配比視為靈活度的解剖學性背景，那麼分化則可稱之為生理學性的背景。

第二節　能量的產生

有不少人疑惑著是否能以百公尺的速度跑完馬拉松的賽程？或是有不少人希望運動後能快速消除疲勞，擁有耐運動疲勞的身體，以及希望消除身體多餘的脂肪等問題。關於這些疑惑或希望，任何一種問題都與能量有關。

前章已彙整過體能概念，但是體能因素有很多是人所發揮的能量大小，換言之，是與力量強度有關。以體能方面考慮，肌肉收縮時，如何產生能量和如何獲得能量的供給是最重要的課題。

一、肌肉的能量供給系統

肌肉如後述（第二章第三節之圖12），其基本構造是肌球蛋白（myosin）和肌動蛋白（actin）兩種細絲（filament）。肌球蛋白細絲較粗，而肌動蛋白細絲則較細。因肌球蛋白獲得腺嘌呤核苷三磷酸

（adenosine triphosphate；ATP）分解成腺嘌呤核苷二磷酸（adenosine diphosphate；ADP）時所產生的能量自轉，將肌動蛋白細絲拉攏，使肌節縮短。亦即使肌纖維收縮進而引起肌肉全體收縮。而ATP分解為ADP釋放出能量，此分解有可逆性，ADP獲得來自其他反應產生的能量再合成為ATP。

　　肌肉收縮直接能量是由ATP分解為ADP時產生的能量供給，而ADP則從以下三種分解過程獲得能量再合成ATP。

- 肌酸磷酸（creatine phosphate；CP）分解成肌酸（creatine）和磷酸（phosphate）。
- 肝醣（glycogen）的無氧分解，產生乳酸和磷酸。
- 肝醣（glycogen）脂質和蛋白質等的有氧性分解。

　　CP和ADP同為高能量的磷化物，因ADP再合成ATP是瞬間進行的，所以可以理解到，因ATP分解的能量供給和由CP分解的能量供給的機轉是一體的。

（一）無氧性能量供給系統（anaerobic process）

1. 非乳酸性能量供給系統（alactic process）

　　如前述理由，亦稱為ATP-CP系統。沒有使用氧，瞬間可供給高強度能量，但此能量極少，盡最大強度運動約8秒就會耗盡，因此，是跳躍、投擲以及短距離衝刺等，需要短時間高強度能量運動的主要能源。名符其實的，不產生乳酸。

2. 乳酸性能量供給系統（lactic process）

　　肝醣在無氧狀態下分解產生的能量（稱解醣；glycolysis），因此稱之為解醣能量供給系統。雖然不若非乳酸性能量供給系統產生高強度能量，但是可以產生較多能量，可是產生的能量有限，因為以30~40秒盡全力運動時能量就會耗盡，是中距離跑的主要能源，也是足球和籃球等競技運動的重要能源。名符其實，因產生乳酸副產物為

其特徵。雖然造成肌肉疲勞的理由不只是乳酸的蓄積，但是乳酸蓄積超過某程度以上時，是形成影響肌肉收縮原因之一。然而乳酸可以在肝臟再合成為肝醣被使用，也可以供給心肌和骨骼肌的能量使用。

（二）有氧性能量供給系統（aerobic process）

有氧性能量是人類活動的最基本能量供給系統。因肝醣、脂肪以及蛋白質，在肌纖維粒線體（mitochondria）內的克勞勃環（krebs cycle）代謝路徑，和氧結合產生能量，為此名稱之由來。此系統能量供給需費時2~3分鐘，但其產生能量可說是無限的。為長跑以及休閒運動的主要能源。此有氧性反應的最終產物為水和二氧化碳。近年來，充分發揮此能量的供給系統，做為維持和促進健康運動的有氧運動（aerobic exercise）形式，在社會上廣為應用。

如上所示，能量供給系統可分別為無氧性能量供給系統和有氧性能量供給系統兩種，也可細分為非乳酸性能量供給系統、乳酸性能量供給系統以及有氧性能量供給系統等三種。其特徵如表三所示，而能量供給系統幾乎是不會單獨作用的。包含維持生命在內，人體活動的基本能量都是由有氧性能量系統供給。運動和競技運動時，依其激烈程度，判定非乳酸能量供給系統參與，或是乳酸能量供給系統參與。有氧性能量供給系統不只是作為肌肉收縮能量，也使用為無氧性能量供給系統再合成的能量。如此三種能量供給系統互相保持著深切關係參與肌肉收縮。

二、參與運動的能量供給系統

圖11是歸納運動強度和其參與的必要能量比列之模式圖。①的領域是運動時間在30秒以內即疲勞的運動，②是30秒~1分30秒即疲勞的運動，③是1分30秒~3分即疲勞的運動，④可以持續3分鐘以上的運動。運動時間越長，有氧性能量供給系統的參與比例則越大，相

反的，運動時間越短，則非乳酸性能量供給系統參與越大。且發揮大動力（power）時，非乳酸性能量供給系統參與比例大，發揮小動力（power）時，有氧性能量供給系統的參與比例大。進而從圖11所示得知，在極短時間或長時間的運動方面，大體上由非乳酸性能量供給系統或由有氧性能量供給系統單獨提供全部所需能量。然而，乳酸性能量供給系統則不會單獨提供全部所需能量供給，且與運動時間的關係也比其他兩種能量提供系統具有特異性。

表3　能量系統的一般性特徵

非乳酸性能量供給系統	乳酸性能量供給系統	有氧性能量供給系統
無氧性 非常快速 化學燃料：PC	無氧性 快速 食物燃料：肝醣	有氧性 緩慢 食物燃料：肝醣、脂肪和蛋白質
生成非常有限量的ATP 肌肉的貯藏量有限	生成限量的ATP 副產物乳酸引起肌肉疲勞	生成無限量的ATP 不產生疲勞副產物
短距離跑（sprint run）利用於其他的高動力的短時間運動	利用於1～3分鐘的運動	利用於耐力跑和長時間運動

（Fox：Sports physiology,Sanders College,1979）

如果將圖11之此模式圖設想為田徑競技的徑賽跑項目時，就可容易了解，但是對很多球技系統的競技運動而言，恐怕容易產生誤解。例如足球競技時間是90分鐘，而棒球、網球以及排球等，因是得分制，所以比賽時間不明確，可能也有1~2小時的。高爾夫球則有約4小時。如此而言，認為因競技時間長其主要能源就是有氧性能量供給系統，肯定是錯誤的想法。必須設想成為這些球技的主體動作。而這些主體動作包括跳躍、衝刺以及瞬時間肌肉強力收縮等。任何一

種動作都很依賴無氧性能量供給系統。如圖11而言，是在①和②的領域，至多也僅到達③的領域而已。大部分競技性高的運動，其主要能量供給系統是無氧性能量。所以，雖然是比賽時間長的球技系統項目，只偏重有氧運動訓練是不夠充分的，抵抗阻力（resistance）訓練和速度訓練對提升基礎體能也很重要。

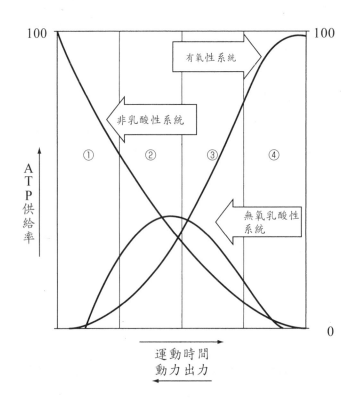

圖11　由運動時間或發揮動力之關係觀察三種能量供給系統的ATP供給率
（Fox：Sports physiology,Sanders College,1979）

三、能量及其關聯性指標

依據牛頓的能量保存法則，可理解能量既不會憑空產生，也不會憑空消滅。所以進行某運動之後，能量不會憑空消滅，而是從一種形

式轉化爲其他形式，在轉化的過程中，能量的總量不變。如踩踏腳踏車踩動踏板所使用的能量，不只是使用在肌肉收縮。能量的一部分作爲熱而被散發之外，也使用在腳踏車鍊條的吱吱聲。因此，將純粹運動所必要能量換算成機械性效率時，踩腳踏車運動的機械性效率約爲20%。

　　且說，人體運動機械性效率是不可能直接觀察的。其定義爲完成工作的能力。其能量形式大致分別爲機械性能量和化學性能量兩種。而機械性能量可再細分爲運動能量和位置能量。以運動和競技運動生理學的立場統整能量間的關係，說明如下，人體攝取的食物被消化後，成爲體內化學性能量提供肌肉收縮。因肌肉收縮可以產生投擲或身體其他活動，即是可以做功。肌肉可以說是將化學能量轉換爲機械性能量的活機器。然而即使在其轉換過程，也不可能將所有化學性能量都轉換成機械性能量，其轉換的比率稱之爲效率。因踩踏腳踏車使用的能量，只有約20%直接使用在運動上。

　　這種做功的概念，物理學性和生理學性的定義不同。物理學性做功的定義爲：做功=力×距離。也就是有某種力量之作用才會做功。在此，動作成爲其決定性的必要條件。而生理學性定義則認爲做功是即使沒有動作也在消耗能量，如只是手持重物一直站著也會疲勞，所以也在做功。從此觀念而言，物理學性的做功是外在工作，而生理學性的做功則是內在工作。

　　做功的概念是量，也就是大小程度。然而，儘管其做功量有多大，如果需要花費很多的時間，以單位時間能夠完成的做功較小，亦即做功效率較差。以時間爲基本評價做功的概念，稱之爲功率，則是動力（power）之意。即動力（power）=做功÷時間。因爲在運動和競技運動生理學的領域經常會出現動力（power）的概念，故大家要銘記於心。如前述之有關能量供給系統所述，以做功量而言，需要大能量的都是以有氧性能量供給系統爲主，其次，依序爲無氧乳酸性能量供給系統，無氧非乳酸性能量供給系統。然而，擁有大動力

（power）的就成爲其相反之順序。

依據下列展開的公式，通常在競技運動科學方面，從力和速度兩成份掌握動力（power）進行實施。

$$動力（power）=功÷時間$$
$$動力（power）=（力×距離）÷時間$$
$$動力（power）=力×（距離÷時間）$$
$$動力（power）=力×速度$$

第三節　肌肉系統

來自腦的指令讓肌肉收縮，肌肉收縮力牽動骨。所謂人體動作，直接而言是肌肉收縮。而肌肉是將化學性能量轉換成力學性能量的主要器官。

一、肌肉分類

人體肌肉分成骨骼肌、內臟肌以及心肌等三種。骨骼肌是由橫紋肌組織構成，大部分的骨骼肌透過肌腱附著於骨上，從事活動身體的作用，故稱之爲骨骼肌。但是其中也有如眼輪肌和口輪肌是不附著在骨上的骨骼肌。又因骨骼肌是隨著意志而收縮，故也稱之爲隨意肌。內臟肌由平滑肌組織構成，存在於內臟壁。胃、腸以及血管壁等都是由內臟肌構成。內臟肌因不隨意志而收縮，故也稱之爲不隨意肌。心肌是心臟的肌肉，由橫紋肌組織構成，但是其肌纖維不像骨骼肌有正確規則的配列。又不可能隨意志調整活動的水準，故機能性屬不隨意肌。心肌組織是相當於平滑肌組織和橫紋肌組織的轉移型。但是平滑肌組織和橫紋肌組織，以發生過程和體內的分布狀態而言，很難明確區別。而橫紋肌組織比平滑肌組織有較進化的形態。

本書中提及的肌肉除非另有說明否則都是指骨骼肌。

二、肌肉的構造

圖12表示肌肉的構造。構成肌肉的基本單位是橫紋肌纖維的束，由結締組織包被著多數的肌纖維形成肌束，再由很多肌束構成肌肉。肌纖維因其形狀故稱纖維，但是肌纖維本身是融合一些細胞的多核肌細胞，是機能性的最小單位。肌纖維的直徑約爲20~150μm（1μm＝1000分之1mm），長度由幾毫米（mm）到幾十公分（cm）等長短不一。肌纖維是由肌原纖維（myofibrils）構成。肌原纖維由較粗的肌球蛋白細絲（myosin filament）和較細的肌動蛋白細絲（actine filament）組成。兩種細絲（filament）的配列，光學性的可看到條紋模樣。肌肉收縮時兩種細絲的長度沒有改變。因肌球蛋白粗絲將肌動蛋白細絲拉攏，而肌動蛋白細絲滑向肌球蛋白粗絲，而引起肌肉收縮。此肌肉收縮過程，稱之爲肌纖維滑動學說（sliding filament theory），此學說爲肌肉收縮的定論。

三、肌肉形態

肌肉兩端，當收縮時被固定或動作較少一端稱爲肌頭，附著於骨的部位，稱之爲肌起始端，另一端，動作大的端稱肌尾，其附著部位稱之爲停止端。肌肉中央膨大部位稱之爲肌腹。因肌肉有各種不同形態，有些肌肉之中也有肌起始端和肌停止端沒有區別的。

肌起始端和肌停止端不可能附著於同一骨上，肌停止端則一定附著於其他骨。也有肌肉的肌停止端附著於緊鄰接的骨面，如此跨越一個關節的肌肉，稱之爲單關節肌。也有跨越一塊或數塊骨以上的肌肉，稱之爲多關節肌。理想的肌肉形態，大致如圖13所示的梭狀肌，但實際上肌肉形態是多樣化的。如圖13的例示，依肌頭數不同，而有二頭肌，三頭肌以及多頭肌，肌腹以肌腱分段的肌肉稱爲多腹肌。因爲有很多的多頭肌，其肌起始端不在同一骨面上，所以肌肉收縮時的作用較複雜。

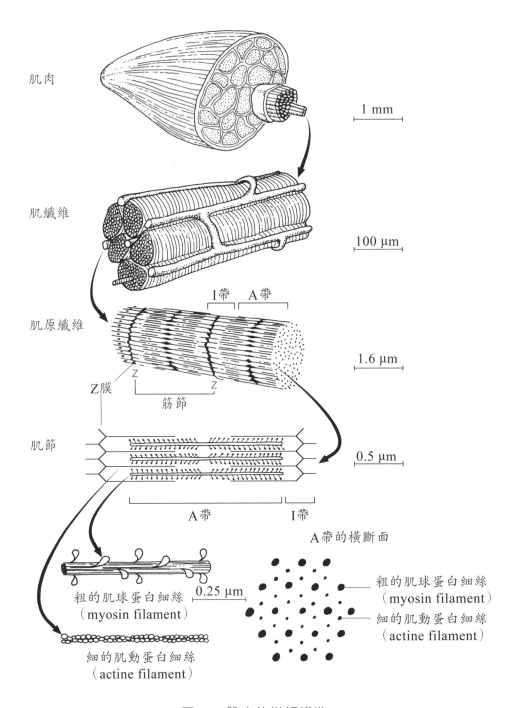

肌肉

1 mm

肌纖維

100 μm

I帶　A帶

肌原纖維

1.6 μm

Z膜

Z　　　Z

筋節

肌節

A帶　　　　　　　　I帶

0.5 μm

A帶的橫斷面

粗的肌球蛋白細絲
（myosin filament）

0.25 μm

粗的肌球蛋白細絲
（myosin filament）

細的肌動蛋白細絲
（actine filament）

細的肌動蛋白細絲
（actine filament）

圖12　肌肉的微細構造

（Edman,Komi編：Strength and power in sport,Blackwell,1992）

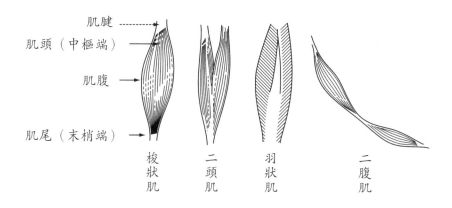

肌腱

肌頭（中樞端）

肌腹

肌尾（末梢端）

梭狀肌　　二頭肌　　羽狀肌　　二腹肌

圖13　各種形態的肌肉

（宮下、石井編著：運動生理學概論，大修館，1983.藤田：人體解剖學，南江堂，1985）

四、肌肉作用和名稱

　　肌肉收縮牽動骨頭引起運動。其運動名稱說明如下：

- 屈曲和伸展：將一軸關節的兩骨間角度接近零度的動作稱爲屈曲。接近180度的動作稱爲伸展。進行屈曲作用的肌肉稱屈肌，進行伸展作用的肌肉稱伸肌。如果伸展超過180度以上，稱爲過伸展。

- 內轉和外轉：肢體（四肢）靠近軀幹的動作稱內轉，遠離軀幹動作稱外轉。內轉作用的肌肉稱內轉肌，外轉作用的肌肉稱外轉肌。

- 旋轉：以肢體或軀幹爲軸的迴旋動作，一般是爲撑的動作。上肢和下肢的旋轉，向內側的動作稱旋內，向外側的動作稱外旋。旋內作用的肌肉稱旋內肌，旋外作用的肌肉稱旋外肌。

除此之外，尚有括約，散大，上舉和下制等的作用。

肌肉的名稱似乎是複雜且難以理解的，但其由來則比較單純。幾

乎所有的肌肉都依如上所述的位置、形態以及作用的特徵等而命名。

　　此外尚有，從肌肉互相間的關係而言，使用拮抗肌和協同肌的用語。如屈肌和伸肌、內轉肌和外轉肌以及旋內肌和旋外肌等，其作用是相反的，故互相間稱之為拮抗肌。例如肱二頭肌和肱三頭肌互相間為拮抗肌。相對的，相同方向動作的肌肉稱協同肌，如果以手肘進行屈曲作用為例，則肱二頭肌和肱肌互相間成為協同肌。當然的，拮抗肌互相位於關節的反對側，而協同肌則互相位於關節的同側。

五、肌力的發揮

（一）肌肉的收縮型式

　　肌肉本身的機能是單純性的收縮，然而依其收縮方式不同，不只是運動型態，連訓練效果也各異，關於肌肉收縮型態分類，雖然有些研究者採用不同的分類方法，但本文大致分類如下：

　　首先，著眼於關節動作，關節沒有動作狀態的肌肉收縮，稱之為靜性肌肉收縮。關節有動作狀態的肌肉收縮，稱之為動性肌肉收縮。靜性肌肉收縮又稱等長性收縮，動性肌肉收縮中，對相同重量抵抗發揮力量的收縮稱為等張性收縮，而收縮速度一定的稱為等速性收縮。動性肌肉收縮有肌肉縮短性收縮狀態和拉長性收縮狀態，前者稱短縮性收縮，後者稱伸展性收縮，將以上整理歸納如表4所示。

　　關於肌肉收縮型式，以肱二頭肌為主的肘關節屈曲動作為例說明。將裝著水的水桶往上提起時是動性收縮的短縮性收縮，如果水桶內的水量沒有改變，則其抵抗是一定的，所以此時肱二頭肌收縮是等張性收縮。提起水桶時肱二頭肌是短縮的。其次，如果水桶裝入很多水，雖然因重量過重無法一口氣將之提高，但可以暫時性支撐著，此時肱二頭肌雖然在收縮，但是由於阻力和肱二頭肌的收縮力維持平衡，肱二頭肌保持長度不變狀態是靜性肌肉收縮。如果水量再增加，則無法支撐水桶於原位而往下降落。此時肱二頭肌雖然是收縮狀態，

但是由於阻力高於肱二頭肌的收縮力，此狀態有如加諸煞住動作同時肌肉被拉長伸展的狀態，稱之為伸展性收縮。

　　等速性收縮，是因肌肉機能的測驗和訓練儀器之開發而擴大的概念。如果將等速性收縮儀器的控制桿（槓桿）動作的速度一定時，即使發揮再大的力量，肌肉收縮的速度是一定的，故普遍使用於復健和訓練。也有視等速性收縮為肌力訓練的最適合收縮型式的見解。（參考155頁表23）。

表4　肌肉的收縮型式

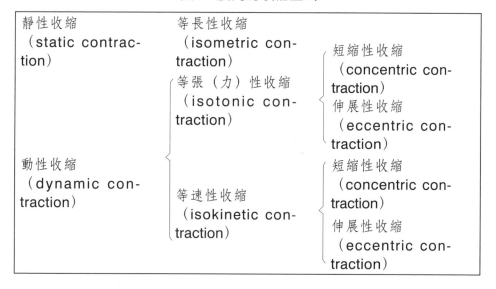

（二）肌肉收縮型式和肌力

　　肌肉收縮力不是一定的，圖14所示為等長性收縮以及等張性收縮的短縮性收縮和伸展性收縮的比較。所有肌肉收縮的共通點是因關節角度不同而收縮力不同，關節角度約100度時肌肉收縮力最大。然而，相同的關節角度時，伸展性收縮的肌肉收縮力最大，其次為等長性收縮，短縮性收縮力最小。在短縮性收縮方面，收縮速度越大則收縮力越小。而伸展性收縮方面，則有伸展速度越快收縮力越大的傾向（參照圖18）。

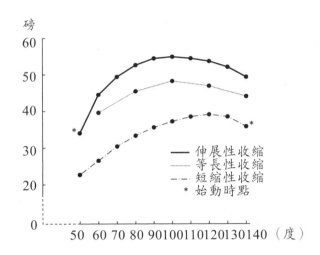

圖14　肘角度觀察肌肉收縮型式和肌力之關係

（Singh & Karpovich：Isotonic and isometric forces of forearm flexors and extensors.J.Appl.Physiol.21：1435,1966）

（三）兩種類的等長性收縮

　　很多人都有這種經驗，抓單槓時，與其積極性的抓住單槓，不如以手指掛在單槓上，可以容易抓住。因為即使有相同關節角度的等長性收縮，其收縮力表現不同。雖然是等長性收縮，但是在伸展狀態下的收縮力稱之為耐肌力（breaking strength），此等長性收縮的耐肌力（breaking strength）和真的等長性收縮比較，可以發揮比真的等長性收縮大出40%的收縮力（參照圖18）。所以儘管雙手的握力合起來比體重小，但可以抓住單槓懸著，就是因等長性收縮的耐肌力（breaking strength）的發揮效果。

（四）真的肌力和外表的肌力

　　肌力是體能測驗不可缺少的項目。然而，肌力測驗所測出來的肌力為所謂外表的肌力，而不是直接測量的肌肉收縮力。圖15所示的是手臂屈曲力的測量，但是被測量的手臂屈曲力是加在繫於手腕上皮帶

的力量。如此被測驗的肌力是外表的肌力，此外表的肌力是肱二頭肌等
與手臂屈曲有關肌肉的收縮力（真的肌力）因槓桿作用被減少的力量。

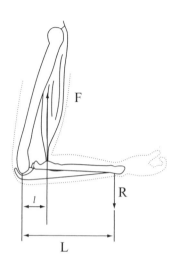

圖15　依肘關節的槓桿原理了解「外表的肌力（R）」和「真的肌力（F）」
（福永：人的絕對肌力，杏林書院，1978）（P.21）

　　真的肌力是肌肉本來的收縮力。真的肌力是以關節作為槓桿支點
在體外發揮狀態下所測量的。槓桿從力點、支點以及重點（作用點）
等之排列形成三種類的槓桿。如手臂屈曲運動，是依支點、力點以及
重點（作用點）之順序位置排列，相當為第三種槓桿。力點為肌肉附
著於骨面上的肌腱部位，支點為肘關節，重點（作用點）是手腕繫著
皮帶的部位。如果從關節到肌腱的距離 *l* 為1時，則關節到皮帶的距
離L相當為4.9，真的肌力F所發揮的收縮力為外表肌力R的4.9倍。因
為認為真的肌力是一定的，如果皮帶的位置L變化時，則外表的肌力
R的表現就不同。因此，將皮帶繫在前臂中段或繫在手掌，觀察所測
量出來的臂力（外表的肌力）會變成怎樣呢？
　　如此，第三種槓桿的特性是力量減少，但活動距離增大。但是不
管哪一種槓桿，其互相間的關係為如下公式：

$$F \times L = R \times L$$

（五）絕對肌力

真的肌力可以由如前述之外表的肌力和槓桿比計算出來。因槓桿比是一定的，與性別和年齡無關，一般而言，真的肌力男性比女性大。但是如果測量上臂屈肌群的橫斷面積，算出每1cm²的真的肌力觀察時，男女都一樣平均6~7kg/cm²，有趣的是看不出性別和年齡的差異。如此每1cm²肌肉橫斷面積的真的肌力，稱之為絕對肌力（或固有肌力）。亦即肌肉本質性的收縮力是相同，肌力之差異在於橫斷面積，其起因在於肌肉的粗細不同。然而，藉由訓練絕對肌力值可提升至10kg/cm²（參照104頁，圖62）。

（六）中樞神經對肌力的影響

如本章第一節神經系統的陳述，身體各種器官均受神經系統的支配。肌力也不例外。一般的肌力是盡全力的隨意運動測驗。因此，不可欠缺集中力。中樞神經與肌力的關係，由圖16所示之催眠暗示的研究就可清楚了解。催眠時，依據可以發揮更大肌力之暗示，可增加比平常更大的肌力。更而了解，即使催眠後醒來，也會因催眠時的暗示肌力產生很大變化。

此後，有關肌力發揮的研究，矢部等人（1977年）曾進行電氣刺激法的精緻研究，如圖17所示，了解到因加上電氣刺激，可以發揮比隨意性運動的最大肌力（心理性界限：依大腦興奮水準規範的能力上限）大出約30%的肌力（生理性界限：因解剖和生理學性等條件規範的能力上限）。除催眠和電器刺激之外，藥物、精神貫注力、周圍的加油聲以及訓練等，也明確的驗證亦可獲得同樣的效果。

如此，肌力在某些非一般日常性狀態下，有可以發揮更大肌力的機轉（mechanism）。換言之，日常由中樞神經抑制著只能發揮心理

界限之肌力，但是當遇到緊急的非常狀態時，因解除中樞神經的抑制
（脫離制止），因而發揮生理性界限的肌力。有句格言「火災現場的
不尋常力」，解釋了生理學性的作用。上述的絕對肌力增大的最大原
因是因訓練提升集中力，則是心理性界限向生理性界限靠近，因此提
升了大腦興奮水準，所以有較多的神經衝動被送到活動肌肉造成的。

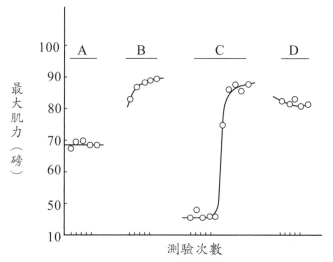

A：控制　B：催眠中　C：兩種的暗示　D：覺醒時

圖16　催眠的肌力變化

（Ikai & Steinhaus：Some factors modifying the expression of human strength.J.Appl.Physiol.16：157.1961）

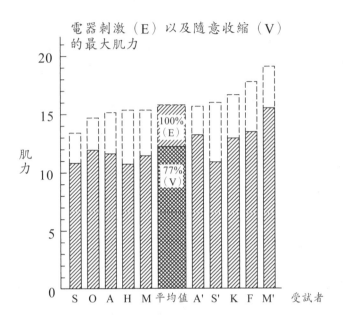

電器刺激（E）以及隨意收縮（V）的最大肌力

圖17　最大肌力的心理性界限和生理性界限

橫軸：受測者名和10名的平均值（中央）

縱軸：最大肌力

斜線：隨意收縮的最大肌力（心理性的界限）

破線：電氣刺激的最大肌力

（矢部：人體肌出力的生理性界限和心理性界限，杏林書院，**1977**）

六、肌力、速度和動力三者之關係

（一）肌力和速度

　　如手持啞鈴進行肘屈曲運動，若啞鈴輕可以快速地進行，啞鈴重則只能緩慢地進行。圖18是以肘關節屈曲為例所歸納的此類關係的肌肉收縮型式，圖中說明肌力和速度的關係。可以屈曲肘關節的短縮性收縮其肌力（以啞鈴的重量考量）和速度是適合於Hill（1938年）研究提出的特性方程式成為直角雙曲線之關係。如啞鈴重到無法動作時，則速度為零（圖18中的A）是等長性收縮。如啞鈴重量更重時，

則關節雖沒有動作，但肌肉變成有如被伸展狀態（圖18中的B）是爲耐肌力（breaking strength）。如果比以上更重時，肘無法維持原狀，肘關節被拉延伸形成伸展性收縮狀態，以該狀態被拉的速度越快則肌力越大。而肌力和速度之關係形成與短縮性收縮相反之方式。

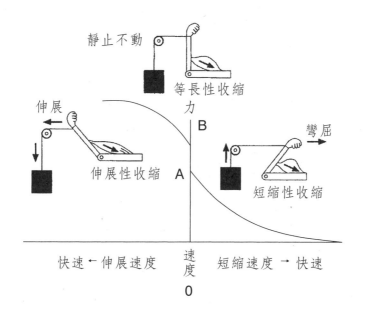

圖18　肌肉收縮型式和肌出力

（宮下：訓練的科學性基礎，ブックハウス•エイチディ，1993）

（二）動力

　　肌力和動力常常被混淆使用，因一般的肌力是以等長性測量，係肌肉長度保持一定而關節則沒有動作。而相對的，如第二章第二節所述，動力定義爲單位時間完成的功，故可以發展爲下列公式：動力（power）＝力×速度。因動力定義爲發揮肌力和動作速度之相乘積，所以動力測驗的大前提是要有動作。因此，一般肌力測驗（等長性肌力）的動力（power）爲零。

　　圖19表示肘屈曲運動時的動力、肌力以及速度三者之關係。圖

19[A]表示力的絕對值，圖19[B]表示最大肌力爲100%時的相對值。圖中反拋物線的凹形曲線（下面），表示力－速度關係，拋物線的上曲線（凸形曲線）表示力－動力的關係。縱軸表示速度和動力，橫軸表示力的大小，力爲零是表示無負荷狀態。當沒有拿啞鈴空手狀態進行肘屈曲時，出現最大的速度。另一方面，力－速度曲線和橫軸交叉點是表示沒有動作的等長性收縮所發揮的最大肌力的狀態。

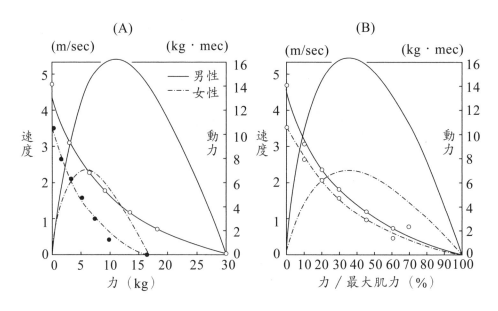

圖19　男性和女性的動力、肌力、速度等三者之關係

[B]是由[A]的男女各最大肌力為100%時的相對肌力的動力和速度之關係。

（金子：人體肌肉動力學（dynamics），杏林書院1974）

由圖中可知，因男女之間有速度和力的差異，動力的峰值男性爲女性的兩倍以上。然而，男女峰值的表示都是在其最大肌力的30~40%（1/3）時。由競技運動項目也可以得知男女性別之差異。例如比較田徑競技的短距離、中距離以及長距離等選手的動力，短距離選手因無論是力或速度都很大，所以可發揮極大的動力。

　　一般概念將動力視爲爆發力。因此，要求發揮瞬間大動力的競技運動項目，肌力和速度兩方面都必須訓練。另外，動力的定義不止只限於在此所陳述的肌動力，如果將運動時間稍延一點再測量，則無論是無氧性動力，或有氧運動的有氧性動力，都有動力存在，但是一般所說的動力是指肌動力或無氧性動力。

七、肌纖維

（一）肌纖維的收縮特性和分類

　　肌纖維是肌肉收縮的最小單位。已研明其收縮速度、收縮力以及疲勞耐性等都有明確的差異。肌纖維有各種不同的分類方法，其特徵的表記方法也不同，但是本書將之分類爲慢縮肌（ST：slow twitch）纖維和快縮肌（FT：fast twitch）纖維兩種，將肌纖維特徵整理如下：

　　爲掌握肌纖維的特徵，通常使用肌肉收縮速度和收縮力的機械性特性，以及收縮能量的代謝性特性等爲目標。慢縮肌纖維名符其實的是收縮速度慢的肌纖維，收縮力也弱。然而，因有氧性的代謝能力高，所以不易疲勞，具有所謂耐疲勞性高的特徵。因此，也稱慢縮氧化（slow twitch oxidative：SO）肌纖維，形態上較細。快縮肌纖維持有與慢縮肌纖維相反的特徵，即是收縮速度快，因醣酵解系統的代謝能力高，收縮力佳，但疲勞耐性差，型態上較粗。但是快縮肌纖維之中，也有持某程度高有氧性能力的。因此將快縮肌纖維更細分爲快縮醣酵解（fast twitch glycolytic：FG）肌纖維和快縮氧化醣酵解（fast twitch oxidative glycolytic：FOG）肌纖維。而與以上肌纖維名稱相同程度相對應使用的有，Type I 肌纖維，Type II a肌纖維以及Type II b肌纖維等，分別相當於SO肌纖維，FOG肌纖維以及FG肌纖維等。如圖20所示，是人體大腿股外側肌的切片檢查法（biopsy）的肌纖維橫斷面像。

　　肌纖維大致區分成兩種類型，但以慢縮肌纖維為基本。而快縮肌纖維可以說是進化的肌纖維，但是隨著身體活動水準下降，快縮肌纖維比慢縮肌纖維先萎縮。

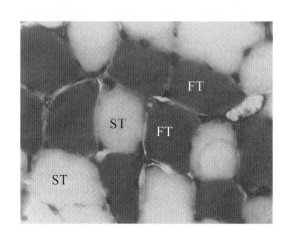

圖20　人體大腿股外側肌肌纖維橫斷面圖

〈肌凝蛋白ATP酶（myosinATPase）染色：pH10.3〉

（九州大學 堀田 昇先生的好意提供）

（二）肌肉的肌纖維組成

　　肌肉的性質決定於其慢縮肌纖維和快縮肌纖維之構成比率。而慢縮肌纖維與快縮肌纖維的構成比例亦因肌肉不同而異，即使相同肌肉也可能因部位不同而有所差異。大腿的股外側肌通常慢縮肌纖維與快縮肌纖維的比例是1對1，此比率沒有性別差異。當然，慢縮肌纖維比率高的肌肉，強調慢縮肌纖維的特徵。快縮肌纖維比率高的肌肉，則強調快縮肌纖維的特徵。如圖21所示，是競技運動項目別的肌纖維比率，明顯地反映出競技運動項目的特徵。這意味著要成為優秀競技選手的先天性因素是何等重要。

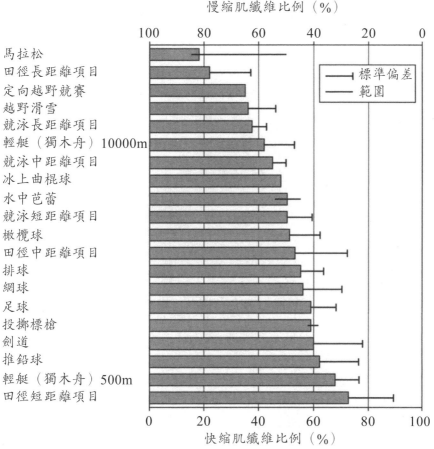

慢縮肌纖維比例（%）

標準偏差
範圍

馬拉松
田徑長距離項目
定向越野競賽
越野滑雪
競泳長距離項目
輕艇（獨木舟）10000m
競泳中距離項目
冰上曲棍球
水中芭蕾
競泳短距離項目
橄欖球
田徑中距離項目
排球
網球
足球
投擲標槍
劍道
推鉛球
輕艇（獨木舟）500m
田徑短距離項目

快縮肌纖維比例（%）

圖21　一流競技運動選手的肌纖維組成

（勝田編：運動和肌肉科學，朝倉書店，2000）

（三）肌纖維比率之決定

　　肌纖維的性質是依支配該肌肉的運動神經元的性質而定。比較一對持有相同遺傳因子的一卵性雙胞胎的一項研究已研明此事實。將經由長期訓練者和非訓練者，成人之後進行比較，兩者之肌纖維比率大致相同。其肌纖維比率，即使長期間訓練也不會產生後天性變化。根據有關交叉神經支配之動物實驗，將支配快縮肌纖維和慢縮肌纖維的

運動神經元接頭交換，則快縮肌纖維變化成慢縮肌纖維，而慢縮肌纖維變化成快縮肌纖維。

　　從上述研究結果，認為肌纖維的性質一旦被決定，就不會改變，肌纖維比率也不會改變。

第四節　氧氣運輸系統

　　如肌肉能量供給系統所陳述，人類不只是必須使用氧氣才能維持生命，而且運動時需要更多的氧氣。本節將統整以及陳述大氣中的氧如何輸送到肌肉的過程。

　　圖22所示，是氧氣運輸路徑。從大氣中攝取的氧氣在肺泡進行氣體交換前的身體部位，稱之為呼吸系統，另一端是循環系統。因此，為了輸送很多氧到肌肉，呼吸系統和循環系統等的形態大小和機能等良好與否，影響其發揮氧的運輸能力。大氣中的氧由鼻、口到達

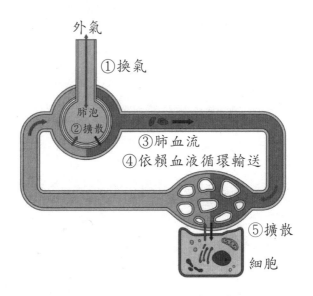

圖22　氧運輸系統的機能性結構

（大地：生理學教科書，文光堂，1992）

肌肉之前有很多的關門，但是氧運輸的最大能力，是配合這些關門能力中的最低水準規制而成。另一方面，與氧運輸系統相反的路徑走向，將肌肉中產生的二氧化碳由循環系統，經由呼吸系統排出於體外。

　　氧氣和二氧化碳交換，稱之為氣體交換。而在肺泡的氣體交換，稱之為外呼吸，在肌肉內的氣體交換，稱之為內呼吸。即使在肺泡或是肌肉都是透過組織膜運輸氧氣。其氧氣運輸的濃度差（氧坡度）成為氧運輸的原動力。

一、呼吸系統

（一）呼吸中樞

　　呼吸中樞在延髓，分為吸氣中樞和呼氣中樞。如圖23所示，聚集來自體內各部位的訊息於呼吸中樞，以調節呼吸運動。而其調節大致分為神經性調節和化學性調節。必須注意的是二氧化碳的化學性調節。因血中的二氧化碳和氧氣的濃度產生變化時，會刺激呼吸中樞造成呼吸促進，而其促進強度則二氧化碳濃度之變化大於氧濃度變化。因此，潛水之前若反覆進行深呼吸，大量的呼出了二氧化碳時，潛水中即使血中氧濃度下降也感知不了氧不足，因而不感覺到呼吸困難，最後可能引起失神狀態。

　　吸氣中樞和呼氣中樞是持著相反的作用，有一邊中樞興奮時另一邊中樞即被抑制。如果兩中樞同時興奮時，以吸氣中樞為優先。因此吸氣運動比呼氣運動優先進行。

（二）呼吸運動

　　吸氣運動是大氣的空氣流入體內，藉由肺部內外壓力變化產生。吸氣運動是當肺部壓力低於大氣壓力時，於是肺部形成陰壓（低壓）使大氣的空氣流入肺部。吸氣運動是依賴胸廓上舉以及橫膈膜下降進

行。與此有關的主要肌肉，如圖24所示，有外肋間肌和橫膈膜。藉由外肋間肌和橫膈膜收縮，將肺部形成陰壓（低壓）使空氣流入肺部。另一方面，呼氣運動時需使胸廓下降，其主要是內肋間肌的作用。通常，呼氣運動是受重力影響，或是依賴體內組織本身的彈性自然形成。而依賴胸廓運動的呼吸稱之為胸式呼吸。依賴橫膈膜運動的呼吸稱之為腹式呼吸，但是我們日常生活中的呼吸是兩者併用的胸腹式呼吸。

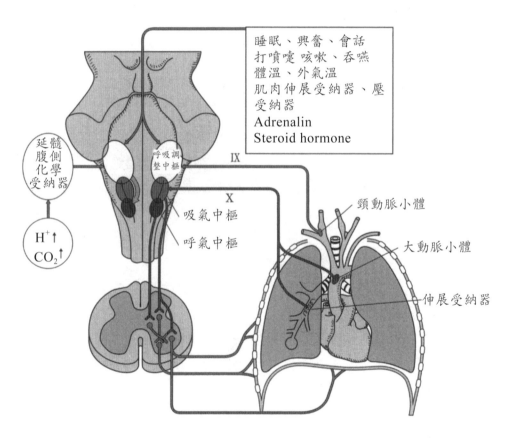

圖23　呼吸的神經性調節

（大地：生理學教科書（text），文光堂，1992）

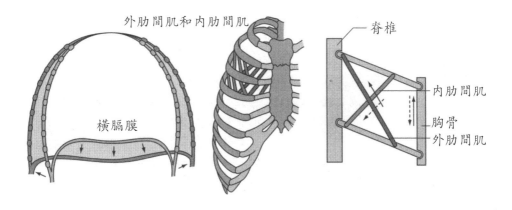

外肋間肌和內肋間肌

橫膈膜

脊椎

內肋間肌

胸骨

外肋間肌

圖24　呼吸肌的運動

（大地：生理學教科書（text），文光堂，1992）

（三）肺容量

　　一般所熟知的，肺活量是流入肺部的空氣量。但是，流入肺部的空氣量，除肺活量之外，還要加上盡最大努力也無法呼出的殘氣量，肺活量和殘氣量兩者合併，稱之為肺容量。圖25是使用呼吸計（res-pirometer）測量的，表示呼吸形相和肺容量的區分（肺劃分圖）。

　　每一次換氣量是指一次呼吸時吸入的空氣量。由從事運動時呼吸深度加深的經驗可了解，一次換氣量會隨運動強度增加而增大。但是吸氣儲備量和呼氣儲備量是減少的。安靜時，每一次換氣量約為500mL。而男性最大運動時每一次換氣量可增加到相當於肺活量70%以上，甚至可達約2500mL。然而，即使像那樣的最大運動也看不到肺活量和殘氣量產生變化。

　　如圖25，所謂每一次換氣量中所占有的死腔（dead space），是指呼吸道的空間不能進行氣體交換的部分。有解剖學性的死腔和生理學性的死腔（機能性死腔）。

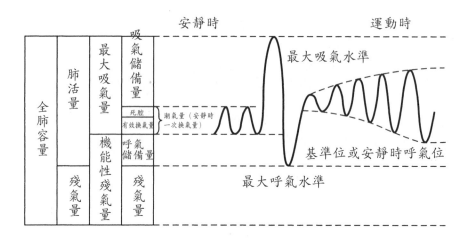

圖25　肺容量的劃分

（宮下、石井編著：運動生理學概論，大修館，**1983**）

（四）肺換氣量

　　每一分鐘流入肺部的空氣量，稱之爲肺換氣量（$\dot{V}E$），是每一次換氣量（tidal volume：TV）和每一分鐘的呼吸次數（f）之相乘積。

$$肺換氣量(\dot{V}E) = 每一次換氣量(TV) \times 每一分鐘的呼吸次數(f)$$

　　由以上關係式得知，肺換氣量是因每次換氣量大小和每一分鐘呼吸次數的多寡而定。隨運動強度增加肺換氣量也增加，但其增加是以每次換氣量的增加爲先導，其後才增加每分鐘的呼吸次數（參照圖26）。最大運動時呼吸次數約可達60次左右，此最大值（fmax）的性別和訓練等的個別差異性很小，所以最大肺換氣量（$\dot{V}Emax$）是由每一次換氣量大小決定。

　　■註：$\dot{V}$是每分鐘之意，V是volume（量）的V。

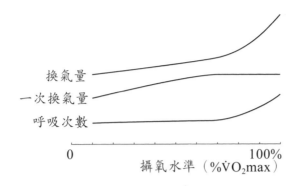

圖26 運動強度和呼吸系統的變化

　　氣體交換在肺泡進行，因此未達肺泡的氧氣無法被體內攝取應用，故如此換氣是毫無意義的。每一次換氣量約為500mL，但其中約有150mL的換氣量未達肺泡而停留於死腔。達到肺泡的只有約350mL。因考量死腔的存在而衍生出有效換氣量（肺泡換氣量）和無效換氣量（死腔換氣量）的想法。即：

肺換氣量＝有效換氣量（肺泡換氣量）＋無效換氣量（死腔換氣量）

到達肺泡與氣體交換有關的換氣量是有效換氣量，停留於死腔與氣體交換無關的是無效換氣量。從此想法，可得知運動中深呼吸的意義。假定慢跑時的肺換氣量為40L/分，而淺呼吸的每一次換氣量是1L，一分鐘的呼吸次數為40次。深呼吸的每一次換氣量是2L，一分鐘的呼吸次數為20次。其結果，淺呼吸的有效換氣量是34L/分，〈40L－(150mL×40)〉，而深呼吸的有效換氣量是37L/分，〈40L－(150mL×20)〉。由此可了解到深呼吸的吸－吸－、呼－呼－形式比淺呼吸的吸－呼－、吸－呼－形式較為有效率的好呼吸法。但是必須注意，安靜時的反覆深呼吸（過呼吸Hyper-Ventilation），容易引起呼吸性鹼中毒（Alkalosis）。

（五）攝氧量（$\dot{V}O_2$）

　　每一分鐘攝取的氧量，稱之為攝氧量（$\dot{V}O_2$）。如前述，呼吸循環系統的最大目的是將氧氣運輸到肌肉。一般體內所攝取的氧氣量是依賴呼吸系統的測量，可由如下的關係式求得。

$$攝氧量 = 吸氣中的氧氣量 - 呼氣中的氧氣量$$

　　無論是吸氣中的氧氣量或呼氣中的氧氣量，都是由肺換氣量乘氧氣濃度求得的（呼氣中也包含很多的氧氣）。而吸氣中的氧氣濃度約佔吸入空氣成分的21%，呼氣中的氧氣濃度約佔呼出空氣成分的17%（但因運動強度而有變化），如肺換氣量為40L/分，則攝氧量為1.6L/分〔(40L/分×21%)−(40L/分×17%) = 1.6L/分〕。（嚴密計算會更複雜些）。

　　生理學方面，使用攝氧量作為運動強度的指標是很值得信賴的。其最大理由是因為由攝氧量可了解人體能量的產生。如後述，由呼吸商的大小得知，每消耗1l（一公升）的氧，約可消耗相當於5kcal的熱量。本書很多都是使用攝氧量作為運動強度指標，或其關聯性的指標。

（六）運動強度與各呼吸系統指標的變動

　　隨著運動強度提高呼吸系統的作用會產生變化。圖26所示係以踩踏腳踏車運動，由最大攝氧量（$\dot{V}O_2$max）為100%時的攝氧水準（參照%$\dot{V}O_2$max：第三章第三節）觀察的肺換氣量、每次換氣量以及呼吸次數等變化的形式。當運動強度在60~70%時，各指標會產生變化。肺換氣量在此強度之前呈比例性的增加，但此強度開始後則呈急速增加的變化，這就是所謂的過換氣（over-ventilation）有別於安靜時的過呼吸症候群（Hyper-Ventilation）。隨運動強度增加而逐漸增加的每次換氣量達最高峰。呼吸次數也從此強度以前的一定狀態，

開始急速增加。過換氣開始時的運動強度，稱之爲換氣性作業閾值（ventilation threshold：VT），被認爲是無氧性作業閾值（anaerobic threshold：AT）的具體性指標（參照第3章圖56）。

（七）運動中的攝氧量

開始運動時攝氧量從安靜狀態逐漸上升，若是運動從輕度到中等強度時，則攝氧量保持一定。如圖27—(A)是一般以相同速度（運動強度）進行運動的走路或慢跑爲例。運動中，攝氧量形成一定，而此一定狀態稱之爲穩定狀態（steady state），係其運動強度的攝氧量適合活動肌的能量需要狀態（運動中的攝氧量 ＝ 氧需求量）。達到此穩定狀態以前運動強度和攝氧量無法取得平衡狀態，而對該運動強度不足的能量則依賴無氧性能量供給系統維持，將其由無氧性供給的不足能量稱之爲氧不足（oxygen deficit）。運動終了後，攝氧量會逐漸減少而恢復到安靜狀態時的攝氧量，比安靜狀態時多攝取的氧，稱之爲氧債（oxygen debt）。最近也有稱之爲恢復期的攝氧量（recovery oxygen consumption）或運動後過攝氧量（excess postexercise oxygen consumption：EPOC）。

過去曾經認爲氧不足量相當爲氧債量，但是目前有提出反駁的論調。例如因激烈運動體溫上升，但是其狀態在運動後也持續維持數小時而影響代謝路徑。所以運動終了後的攝氧量很難快速回復到原來的安靜狀態。其結果，形成增加氧債量。亦即氧債量會受運動時的無氧性能量供給系統和恢復期的呼吸、循環、荷爾蒙、離子（ion）以及體溫調節等的影響。

還有，運動必要的能量（氧需要量）可由運動中的攝氧量（安靜時的攝氧量除外）與氧不足之和算出。然而，很難將氧不足定量化。如果是穩定狀態的運動，就可以運動中每一分鐘的攝氧量乘以運動時間求出。以第126頁之圖52的運動爲例，達穩定狀態後持續進行6分

鐘運動時，可以如下式算出運動氧需要量是(1.5L/分−0.25L/分)×6
分 = 7.5L。

然而，盡全力跑400m的所謂激烈運動是不出現穩定狀態的。圖
27-(B)是其概念圖，顯示運動中的攝氧量不形成穩定狀態。尚有極端
例，盡全力疾馳50m~100m的短距離跑的情形，因運動中無呼吸所以
攝氧量為0。

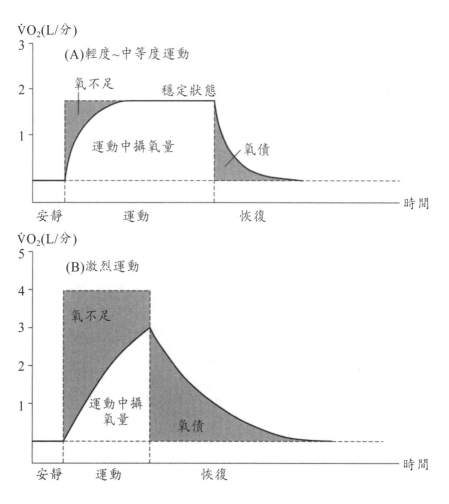

圖27　運動中的攝氧量和關連指標

（八）呼吸商

　　每分鐘二氧化碳排出量（也稱排泄量）除以每分鐘攝氧量所得商數，稱之為呼吸商（respiratory quotient；RQ）。其計算式如下：

$$呼吸商 = 每分鐘二氧化碳排出量 \div 每分鐘攝氧量$$

　　其呼吸商為0.7~1.0之間。數值的大小表示在體內被燃燒醣類和脂肪的比例，如表5所示，如果燃燒的只是醣類時，其呼吸商為1.0，只燃燒脂肪時，其呼吸商為0.7。除了燃燒醣類和脂肪之外，還有燃燒蛋白質做為肌肉收縮的能量，但是，利用蛋白質做為能量，除非絕食和飢餓等狀態形成醣類攝取量極度減少以及長時間運動等，否則一般而言，是不會考慮使用到蛋白質的。表5的表題是「非蛋白質呼吸商」就是基於此道理。

　　呼吸商是表示肌肉代謝狀態的指標，一般是由呼吸系統的測量求得，因此，運動強度大時，因一時性的二氧化碳排出量大於攝氧量，因此可見到其呼吸商超過1.0以上值。且經常觀察到運動後恢復期的相反現象，因一時性的產生攝氧量大於二氧化碳排出量，所以常會觀察到呼吸商下降至0.7以下值。因為對應上述現象，有時使用呼吸交換率（R；respiratory exchange ratio）取代呼吸商。

表5　非蛋白質性呼吸商的每1L氧的熱量（kcal）值和醣類以及脂肪的燃燒比率

非蛋白質性 呼吸商	每一公升氧的 熱量（kcal）	醣類（%）	脂肪（%）
0.707	4.686	0.0	100.0
0.71	4.690	1.1	98.9
0.72	4.702	4.8	95.2
0.73	4.714	8.4	91.6
0.74	4.727	12.0	88.0

（續下頁）

非蛋白質性 呼吸商	每一公升氧的 熱量（kcal）	醣類（%）	脂肪（%）
0.75	7.739	15.6	84.4
0.76	4.750	19.2	80.8
0.77	4.764	22.8	77.2
0.78	4.776	26.3	73.7
0.79	4.788	29.9	70.1
0.80	4.801	33.4	66.6
0.81	4.813	36.9	63.1
0.82	4.825	40.3	59.7
0.83	4.838	43.8	56.2
0.84	4.850	47.2	52.8
0.85	4.862	50.7	49.3
0.86	4.875	54.1	45.9
0.87	4.887	57.5	42.5
0.88	4.899	60.8	39.2
0.89	4.911	64.2	35.8
0.90	4.924	67.5	32.5
0.91	4.936	70.8	29.2
0.92	4.948	74.1	25.9
0.93	4.961	77.4	22.6
0.94	4.973	80.7	19.3
0.95	4.985	54.0	16.0
0.96	4.998	87.2	12.8
0.97	5.010	90.4	9.6
0.98	5.022	93.6	6.4
0.99	5.035	96.8	3.2
1.00	5.047	100.0	0.0

（Zuntz：Ueber die Bedeutung der verschiedenen Nährstoffeals Erzeuger der Muskelkraft. Arch Gesamte Physiol,Bonn,Germany：1901：LXXXIII：557-571：Pflugers Arch Physiol,83：557. 1901）

　　如圖28所示，隨著運動強度增加呼吸商有增大傾向。從安靜到慢跑的中等強度運動中其呼吸商約保持在0.85的一定狀態，此時表示

醣類和脂肪各燃燒一半。其後，呼吸商逐漸增加，達到最大運動時的呼吸商為1.0，表示此時燃燒100%的完全醣類。以上所述，是有關近年來備受關注的運動減輕體重強調「中等強度運動是好的有效率燃燒體脂肪」的背景說明。

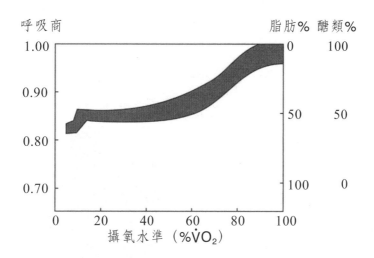

圖28　運動強度和呼吸商以及醣類和脂肪的燃燒比

（Åstrand & Rodahl：Texbook of work physiology,McGraw-Hill Book Company,1986）

二、循環系統

（一）循環

　　以心臟為起點的循環系統包括大循環和小循環。大循環也稱之為體循環，是由左心室被擠壓出來的動脈血流向身體各角落後變成靜脈血流回右心房為止的循環。小循環也稱肺循環，是由右心室流出的靜脈血在肺部交換氣體，形成動脈血流回左心房為止的循環。本書所述主要以體循環為對象。

　　全身血液量約占體重的6~8%，日本成年人的血液量約為4L。心臟是全身血液循環中心，有心臟補助性作用的是動脈血管壁的彈性以

及所謂有肌肉擠壓作用的靜脈瓣。

　　如圖29所示，安靜和運動時的循環血液量之血液分配狀態不同。隨著運動強度增加，血液分配最顯著增加的是肌肉，因爲肌肉收縮是運動的主體。內臟各器官則有減少傾向。皮膚血流量雖也隨運動增強而增加，但最大運動時反而減少。腦部無論是安靜或運動時都保持不變。

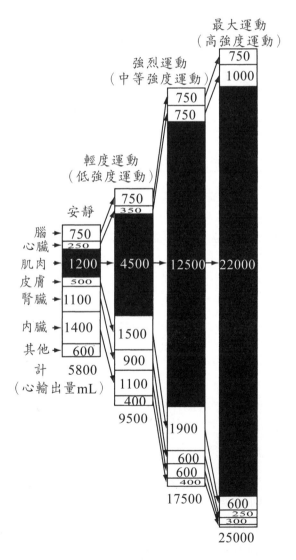

圖29　安靜及各種運動強度血液分配的變化

（二）心臟

心臟比握拳頭稍大。如圖30所示，由厚的心肌構成。心肌其結構性爲橫紋肌。安靜時，心臟收縮次數約爲60~70次/分，最大運動時，健康的年輕人約可收縮達200次/分，而有長期耐力性訓練者，無論是安靜或最大運動時，心臟收縮次數約減少20次/分。

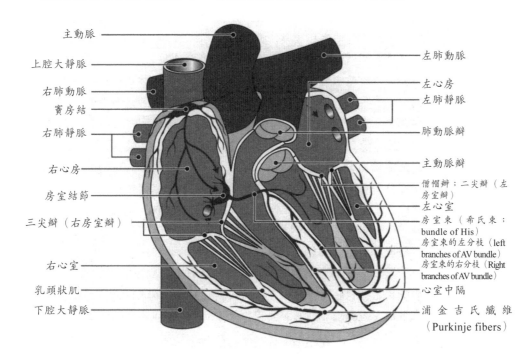

主動脈
上腔大靜脈
右肺動脈
竇房結
右肺靜脈
右心房
房室結節
三尖瓣（右房室瓣）
右心室
乳頭狀肌
下腔大靜脈

左肺動脈
左心房
左肺靜脈
肺動脈瓣
主動脈瓣
僧帽瓣：二尖瓣（左房室瓣）
左心室
房室束（希氏束：bundle of His）
房室束的左分枝（left branches of AV bundle）
房室束的右分枝（Right branches of AV bundle）
心室中隔
浦金吉氏纖維（Purkinje fibers）

圖30　心臟構造

（講談社編：身體的地圖帳，1989）

心臟由延髓的交感神經和副交感神經支配，而交感神經和副交感神經兩者的關係是互相拮抗作用，是相反神經支配。即因交感神經的刺激引起心臟促進作用，而副交感神經的刺激則抑制心臟作用。運動選手的徐脈現象是因副交感神經的活動亢進而引起。在正常情況下，心臟的興奮是由竇房結節引起，竇房結節傳達興奮到左右兩心房，更而傳達至左右兩心室。然而，因爲心房和心室之間由結締組織性的膜

隔離，所以心房和心室之間是依賴刺激傳導系聯絡興奮。而且，即使從體內摘出心臟，被摘出的心臟尚具有以一定的律動收縮和弛緩反覆不斷的自動性搏動。

　　心臟由兩個心房和兩個心室構成。一般熟知的競技運動選手的心室肥大，特別是以左心室較爲肥大。但並非一律都是肥大，如馬拉松選手等的耐力性選手是因左心室容積增大，可帶來由心室擠壓出的血液量增加。而舉重等發揮大力量的選手，因其左心室的肌肉厚大，心肌收縮力增強帶來其擠壓力增大。

（三）血管系統

　　如圖31所示，是各部血管系統的特徵。從左心室擠壓出的血液，由主動脈流到動脈，透過細動脈流向微血管。由心臟斷斷續續被搏出的血流，通過動脈時因動脈壁的彈性被平滑化，所以在微血管和靜脈血流沒有搏動。微血管的血流量少，但是其數量和橫斷面積極大，所以血流速度變得遲緩，形成氣體容易交換狀態。而且微血管有前微血管括約肌，依賴收縮和弛緩作用，調整微血管的血液分配。依據這個作用變化血液的分配狀態（參照圖29）。靜脈血壓也很低，血流速度慢，且有體循環血流量的75%，可以調整循環血流量，故稱之爲「容量血管」。而且，靜脈接近體表，血管壁薄，會因肌肉運動容易被壓破。靜脈有肌肉擠壓（幫浦）作用的靜脈瓣，其功能除防止靜脈的血流遲滯和逆流之外，並可促使靜脈血回流心臟。

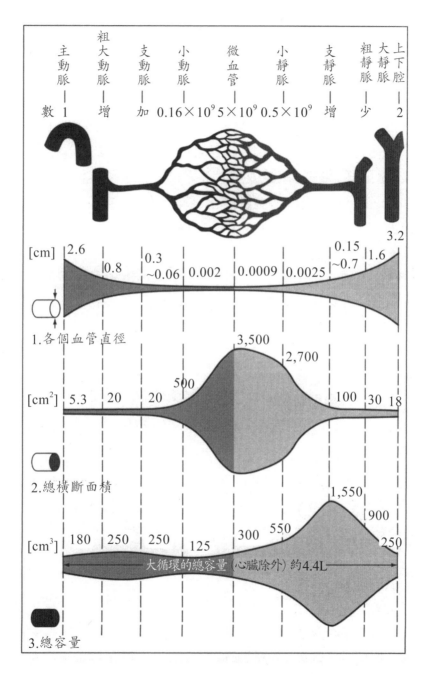

圖31　血管數、橫斷面積、容量

（Silbernagl Despopoulos：福原，入來譯：生理學圖譜（Atlas），文光堂，1992）

（四）血液

血液由血漿和血球組成。血漿是約占血液55%幾乎全由水分構成的液體。血球由紅血球、白血球及血小板構成。紅血球濃度的正常值為健康的成年男性每一立方釐米約500萬個（500萬/mm^3），成年女性每一立方釐米約450萬個（450萬/mm^3），血紅素（hemoglobin；Hb）濃度每1dL（100mL）男性約為16g/dL，女性約為14g/dL。

氧氣幾乎不溶解於血漿中，大部分和紅血球中的血紅素結合為氧合血色素（HbO_2）被輸送到身體各組織。動脈血1g的血紅素可結合1.34mL的氧，所以動脈血100 mL中的含氧量約為20mL。因動脈血含氧量在各組織被消耗，所以靜脈血中的含氧量減少。動脈血含氧量和靜脈血含氧量之差，稱之為動靜脈含氧差，是觀察各器官活動程度的指標。肌肉的動靜脈含氧差，安靜時約為8mL/dL，最大運動時約達18mL/dL。

另一方面，在肌肉中產生的二氧化碳與氧相同，極少量溶解在血漿中。大多數以重碳酸鹽存在，其他則與血紅素和血漿蛋白質結合存在，依靠靜脈血被輸送到肺部，再次還原成二氧化碳被呼出體外。

還有，因血紅素和一氧化碳持有強大的結合力，吸氣中即使僅有極少量的一氧化碳混合其中，血紅素也會釋出結合的氧，轉而和一氧化碳結合。這是不期望運動選手抽菸的理由之一，不在於願不願意，或允不允許的問題。而是抽菸會吸入一氧化碳，降低氧的運輸能力，影響有氧耐力。

（五）氧的運輸

將大氣中的氧輸送至肌肉的原動力是氧分壓差。所謂分壓是在攙雜複數氣體的混合氣體之中，某氣體持有的壓力。氧分壓隨著吸氣、肺泡氣、動脈血、靜脈血等的進行而下降，但是在各氣體的交換處氧氣依據這個分壓差而流動。

如圖32的氧合血紅素解離曲線表示，氧分壓和血紅素的氧結合

能力之關係。圖中的氧分壓100mmHg相當於動脈血的氧分壓。而
40mmHg則相當於靜脈血的氧分壓。另一方面，氧合血紅素飽和濃度
為100%時，是動脈血的最大含氧量。但動脈血的氧飽和濃度只有約
98%，無法達到100%的原因是因為由肺動脈到肺靜脈有繞行的補助
路線存在。靜脈血的氧飽和濃度約為75%，此動靜脈血的氧飽和度之
差係由於在氧的輸運過程中，氧在組織被消耗，所以靜脈血的含氧量
減少形成的。此氧合血紅素解離曲線，會隨溫度上升或二氧化碳分壓
增大以及pH濃度減少等因素而向右移動。

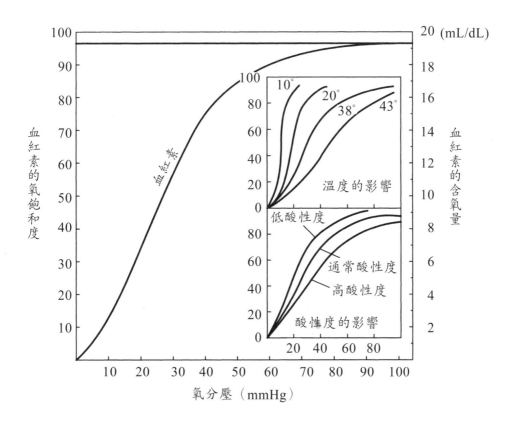

圖32 血紅素的氧解離曲線

（宮下·石井編著：運動生理學概論，大修館，1983）

氧合血紅素解離曲線的特性，對運動選手也產生各種不同影響。雖然小型氧氣筒受一般人的歡迎，但是即使吸入高濃度的氧，也不會有對氧運輸能力的效果。由圖32可了解，在平地動脈血的氧飽和濃度幾乎達到100%，因此血紅素的帶氧量不可能再增加。在高地運動時，從氧合血紅素解離曲線的特性可知，即使氧分壓有某程度下降，氧飽和濃度也不會馬上下降。標高到達約1500m以前，即使氣壓下降氧氣變薄稀少，其血紅素的含氧量幾乎不會改變，因此，如果計劃在高地訓練時，建議其標高至少要2000m較為適宜。

（六）心輸出量

每分鐘心臟輸出的血液量，稱之為心輸出量（$\dot{Q}$），每分鐘心輸出量為每次心輸出量（storke volume；SV）和每分鐘的心跳率（heart rate；HR）之相乘積。其公式如下：

$$心輸出量（每分） = 每次心輸出量 \times 每分鐘的心跳率$$

從以上關係式可了解，心輸出量是由每次心輸出量的大小，和每分鐘心跳率的多寡而決定。隨著運動強度增加，每次心輸出量和每分鐘的心跳率也都增加，每次心輸出量的增加在中等運動強度時達到最高峰，之後則由心跳率的增加而增加每分鐘心輸出量。安靜時，因每次心輸出量約為60mL/次，每分鐘的心跳率約為70次/分，所以每分鐘心臟輸出的血液量為4.2L/分。因全身血液量為約4L，所以安靜時，全身血液一分鐘可繞身體一周。經長期耐力訓練的選手，因安靜時的每次心輸出量比一般人高，故每分鐘的心跳率比一般人低。最大運動時，每次心輸出量和每分鐘的心跳率，一般人為約100mL/次和200次/分，所以每分鐘心輸出量約是20L/分，而耐力運動選手為約150mL/次和180次/分，所以每分鐘心輸出量約為30L/分。如上所述，每分鐘心輸出量、每次心輸出量以及每分鐘的心跳率等，受訓練的影響很大。

（七）血壓

　　通常，血壓是將上臂捲上壓迫帶測量。心臟收縮期的血壓，稱之為最高血壓（又稱收縮壓），心臟舒張期的血壓，稱之為最低血壓（又稱舒張壓）。最高血壓受每次心輸出量、輸出速度以及動脈壁彈性等的影響，最低血壓受末梢循環的抵抗、至心臟下次收縮前時間以及動脈壁彈性等的影響。因此，血壓因運動而變化。隨著運動強度增加最高血壓增大，但是最低血壓則沒有變化或稍微減少（參照圖34）。最高血壓增大是增加循環血液量不可欠缺的反應。因為循環血液量增大，末梢的循環抵抗似乎也可增加，但是因為安靜時被閉鎖著的微血管在運動時被開放，所以不會有最低血壓增加的情況。且，因運動時的血壓的變化，以上臂為主體的局部運動比使用腿的全身運動更為顯著。

　　另一方面，因動脈硬化會帶來最高血壓的增高，故通常最高血壓會隨年齡增加而增大。表6、7是表示隨年齡增加血壓的變化和高血壓的判定基準。

表6　日本人的加齡和血壓

年齡（歲）	男		女	
	最大血壓	最小血壓	最大血壓	最小血壓
20	120	70	114	67
25	120	70	115	68
30	123	71	114	68
35	124	71	115	70
40	126	74	119	72
45	127	78	124	74
50	130	81	127	77
55	131	81	130	78

（續下頁）

年齡	男		女	
（歲）	最大血壓	最小血壓	最大血壓	最小血壓
60	136	81	134	80
65	137	82	135	79
70	139	83	136	79

（首都大學東京體能標準值研究會編：新·日本人的體能標準II.不昧堂，2007）

表7　成人血壓值的診斷和分類（WHO,1999）

分類	收縮期（mmHg）	舒張期（mmHg）
最佳血壓	<120	<80
正常血壓	<130	<85
正常高值	130～139	85～89
高血壓		
臨界型	140～149	90～94
輕度	140～159	90～99
中等度	160～179	100～109
重度	≧180	≧110
收縮期高血壓	≧140	≦90
臨界型	140～149	≦90

（八）各循環系統指標的變動與運動時間和運動強度之關係

　　圖33所表示的爲最大攝氧量的50%（50%V̇O₂max）的運動強度（相當爲慢跑運動），持續2小時的踩踏腳踏車運動時之各循環系統指標的變動情況。從運動開始，需要數分鐘後才能達到一定水準（穩定狀態），這期間，就是所謂的熱身運動（warming-up）。達到穩定狀態的時間隨運動強度而定。運動強度低時，達到穩定狀態的時間短。運動強度高時，達到穩定狀態的時間較長。穩定狀態以攝氧量而言，是有賴於有氧性能量供給系統供給適合其運動強度之能量的狀態。

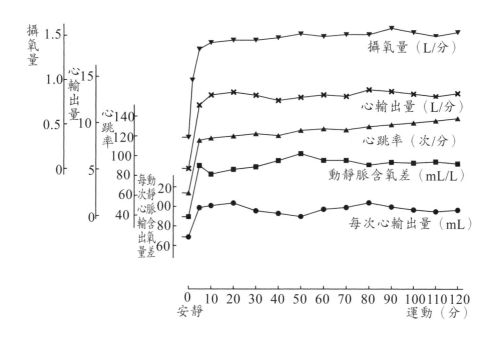

圖33　攝氧量和心臟循環系統的變化

以50%V̇O₂max的運動強度踩踏2小時的腳踏車運動。運動強度達到穩定狀態需
數分鐘。所需時間隨運動強度不同而異。
（豬飼編著：身體運動生理學，杏林書院，1966）

　　圖34表示，從安靜至最大運動以前，運動強度漸增之際的各循
環系統指標變動的概念圖。每分鐘的心跳率和每分鐘的心輸出量達到
最大強度之前，成直線上升。然而，每次心輸出量雖然也隨運動強度
增加而增加，但是運動強度達到約50%時其增加量已達最高峰。任憑
運動強度再增加每次心輸出量也不會增加。所以每分鐘心輸出量的增
加，在運動強度達50%以前，是依賴每分鐘心跳率和每次心輸出量等
的增加，而運動強度在50%以上時，幾乎只有依賴每分鐘心跳率增加
而已。反映心臟血液輸出力的最高血壓，在最大運動強度以前呈直線
性的增加，但是反映末梢抵抗的最低血壓則約與安靜時相同水準。這
是因為雖然循環血液量增加但是因末梢血管擴張所造成的。

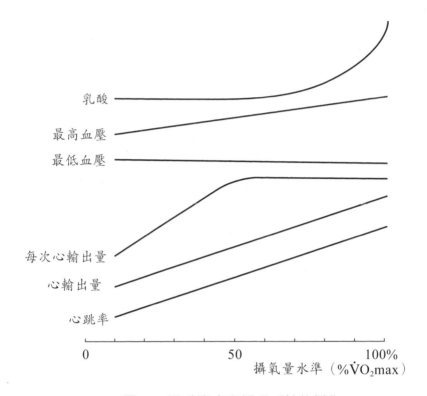

乳酸

最高血壓

最低血壓

每次心輸出量

心輸出量

心跳率

0　　　　　　　　50　　　　　　　100%
攝氧量水準（%$\dot{V}O_2$max）

圖34　運動強度和循環系統的變化

　　在漸進式的運動中，血中乳酸隨運動強度增加而增加，運動開始時漸進微增，約增加到60%$\dot{V}O_2$max運動強度時，血中乳酸開始上升幅度增大，以此時點做為指標，此指標稱之為乳酸性作業閾值（Lactate Threshold：LT）。運動強度更增加時，血中乳酸開始急速增加，其運動強度，稱之為OBLA（onset of blood lactate accumulation）或為血中乳酸開始累積（參照第三章圖56）。

第五節　環境

　　隨著運動的普及化，即使在各種不同環境下，人類仍然可以進行激烈運動。以室外運動的足球為例，即使在氣溫攝氏零度以下的地

方，或高溫多濕的地方，都可進行比賽。而且，登山專家挑戰氧氣稀少乾燥的高山，也有人挑戰承受大氣壓力深海的潛水運動。向低溫乾燥、高溫多濕、以及低壓或高壓等環境的挑戰，可以說是人類探索新進化之路徑。

一、溫度和濕度

肌肉收縮使人體運動，同時也可提高體溫。人體有可以順利調整體溫為37℃的機能，即使因運動暫時性的體溫上升，其提升上限為約40.5℃。因為容許體溫的範圍是極為狹窄的，為防止因運動產熱的過熱狀態，身體的散熱作用很重要。因此，如果身體周圍的環境不易散熱時，就會失去身體正常機能。高溫多濕的大氣是不適合運動的自然環境，沒有空調設備之暑夏的體育館，也可以說是人為的不適合運動環境。在如此環境下持續運動則容易引起熱痙攣、熱疲勞、以及熱射病等中暑症狀。依據日本生氣象學（2013）的報告，中暑的定義是「除皮膚的障礙等之外的熱性疾病（heat disorders）」之總稱，分類為熱失神（heat syncope）、熱痙攣（heat cramps）、熱疲勞（heat exhaustion）以及熱射病（heat stroke）等。發病的主要原因是體溫過度上升和脫水等。

人體散熱，依輻射、傳導、對流以及蒸發等方式進行。因為肌肉收縮產生的熱提高血液溫度，血液中多餘的溫度則藉由輻射、傳導、對流以及蒸發等，從皮膚以及氣道散熱。運動時的散熱最重要的是流汗，其中以汗蒸發的氣化熱為最有效率的散熱作用。因此，濕度低的環境是良好的運動環境。濕度高時，汗不容易氣化，因而形成液體留在皮膚表面（無效發汗），使散熱效果顯著下降，形成體內體液急速減少。有關體溫的調節因素，雖然外氣溫度是其中之一，但必須注意的是濕度。人可進入溫度達100℃的三溫暖，是因為濕度極低的關係。所以在高溫環境下運動，不只是氣溫，也不要忘記關懷濕度的問

題。圖35是表示以WBGT（Wet-bulb globe temperature，濕球黑球溫度）的「溫度指標」作爲對日常生活中暑的預防指南，由氣溫和濕度可以判斷發生中暑的危險度。由此可知，在高溫多濕的環境下是不適合於運動的，假使必須在這種環境下進行運動時，不要忘記水分和電解質的補充。

低溫環境運動比高溫環境運動的問題少。因低溫環境下運動可依衣類保存體溫。但是，因絕對濕度低，所以必須注意很多水分從氣道消失，也必須注意預防因吸入冷空氣而造成呼吸系統的損傷。

溫度基準 WBGT	必須注意的 生活活動的目標	注意事項
危險 31度以上	對所有生活活動可能引起危險性	高齡者即使是在安靜狀態，發生危險性的機率也很大。所以盡可能避免外出，可以在涼爽的室內活動。
嚴重警戒 28～31℃		避免於炎熱的天氣下外出，在室內要注意室溫的上升。
警戒 25～28℃	中等度以上的生活活動可能引起危險性	運動和激烈工作時，採取定期性的充分休息。
注意 25℃未滿	強烈生活活動可能引起危險性	雖然一般而言危險性很少，但是激烈運動和重勞動時也有發生危險的可能。

圖35　對日常生活的中暑預防指南（日本生氣象學會，2012）

二、氣壓

（一）低壓環境

登山登得越高氣壓越低。空氣是氮約占80%，氧約占20%的混合氣體，即使在接近標高9000m的喜馬拉雅山的埃佛勒斯峰（Everest）的山頂，這氣體混合比率也幾乎不會改變。然而，因爲在高地

氣壓低而氮氣和氧氣的絕對量變少。又因在高地氣溫低，所以含水蒸氣的絕對值也變少。更因身體內部和外部氣體壓力的關係，隨著高度越高身體外部的氣壓就越低。基於這些理由，所以登山時從平地帶來的馬鈴薯條袋子會膨脹起來，以及燒水時，水未達100℃就沸騰。因此，滯留於高地和在平地吸入低氧，嚴格而言是不同的。

　　然而，低壓環境對身體顯著影響是低氧的現象。雖然高地低壓環境的相對氧濃度和平地相同，但因高地氣壓低所以氧分壓下降。如表8所示，氣壓大致與高度約略成比例下降，氧分壓也同樣下降。因此，高地高度越高動脈血紅素的氧越不容易達飽和狀態，也減少對肌肉的氧輸送量。而如圖32所陳述的氧合血紅素解離曲線所表示，動脈血的氧飽和度和氧分壓不是單純性的比例關係，而是成S字狀的關係。因此，即使是某程度的氣壓下降而氧分壓下降，也不會馬上減少氧的運輸量。

表8　高地與氧

高度 * (m)	氣壓 (mmHg)	大氣氧分壓 (mmHg)	肺泡氣氧分壓 (mmHg)	動脈血氧飽和度 (%)	有氧性體能（對平地的比率）
0	760	159	105	97	100
1,000	680	142	94	96	
2,000	600	125	78	94	90
3,000	523	111	62	90	
4,300	450	94	51	86	75
5,600	380	75	42	80	
7,000	335	64	31	63	50
8,882	230	48	19	30	

*原典是以ft表示，（Sharkey：Physiology of fitness，Human Kinetics Books，1990）

（二）低壓環境對運動能力的影響

圖36所表示，是高度和最大攝氧量的關係。高度超過1000m～1500m時才呈現最大攝氧量顯著的減少。因此，達到此高度前尚可以發揮如上述之和平地同樣的氧運輸能力。且由表8的動脈血的氧飽和度可知，登山即使同樣登上1000m，但是從海拔0m登上1000m地點以及從2000m登上3000m地點，雖然同樣都是登上1000m，但對身體的影響有很大差異。

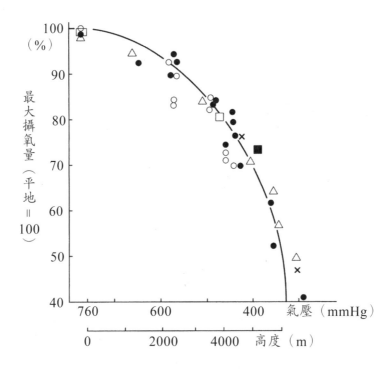

圖36　高地及氣壓與最大攝氧量之關係

（Cerretelli & diPrampero：Aerobic and anaerobic metabolism during exercise at altitude,Rivolier等編：High altitude deterioration，Karger，1985）

如此，在高地的低壓環境下，身體承受各種不同的影響。例如急性高山病。在1500m以上的高度，容易出現過呼吸、頻脈、氣喘、頭痛、噁心想吐、食慾不振、脫水以及浮腫等症狀。體能方面，因氧運

輸量下降所以全身性耐力降低。對某種已決定條件的運動所必要的能量而言，如分速150m的慢跑，即使在高地或是在平地運動所需要的能量都一樣，但是在高地低壓環境因氧不足最大攝氧量（$\dot{V}O_2max$）下降的情況下，即使是相同強度運動，在高地實施時由於攝氧水準（%$\dot{V}O_2max$：參照第三章第三節）增加而增大身體負擔。如圖37表示，以運動強度150W的踩踏腳踏車測功計運動，其攝氧量爲2.2L/分。此例之在平地的最大攝氧量爲3.46L/分，所以前述的運動在平地的運動強度是最大能力的64%（2.2L/分÷3.46L/分），亦即其攝氧水準爲最大攝氧量的64%（64%$\dot{V}O_2max$）。然而，因在4000m的高地最大攝氧量下降至2.50L/分，儘管是和平地進行相同強度的運動，但是強度變爲最大能力的88%（2.2L/分÷2.5L/分），亦即原在平地是64%$\dot{V}O_2max$的運動在高地則變成最大攝氧量的88%（88%$\dot{V}O_2max$）的運動強度。

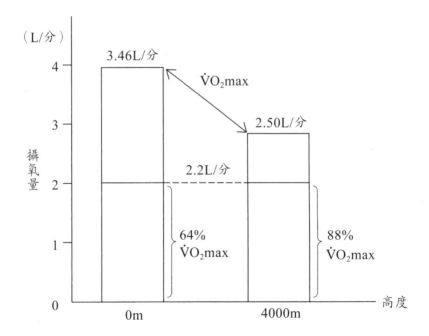

圖37　在海拔0m與4000m的150W強度踩踏腳踏車測功計運動強度的比較

（Stenberg等：Hemodynamic response to work at simulated altitude, 400m.J.Appl. Physiol., 21：1589,1966）

　　因此，在如此低壓環境下進行馬拉松等的長距離跑，其成績會下降。然而，如果適應高地，累積練習而產生「高地訓練效果」之後，再回到平地參加比賽，則可以期待獲得好成績。然而，最近在平地也可建置低壓或低氧的人工環境，設定訓練設施進行如在高地的訓練。今後如詳細檢討高地訓練的作法，也許可以提供更好的訓練計畫吧！

　　另一方面，因在高地的氣壓低，空氣抵抗力也變低，所以投擲、跳躍及短距離跑等瞬發性高強度運動成績有可能會提升。因為在高地地心引力稍低，所以投擲系項目的運動成績可能更好。1968年，在2300m高地的墨西哥舉行奧林匹克運動會，馬拉松等長距離項目的運動成績下降，但是，投擲、跳躍及短距離跑等瞬發性高強度的運動成績確有提升的事實。

（三）高壓環境

　　在大氣環境中，幾乎見不到與高地低氣壓環境相對應的高氣壓環境。死海是地球表面上最有名的最低地，處於低於海拔400m之處。可能氣壓略高但尚不至於影響身體健康。另一方面，在游泳池或海洋等水中，可以說是切身的高氣壓環境，實際上，水的壓力是水深10m相當於一個大氣壓，所以海平面以下水深處的空氣氣壓較高，在高氣壓環境中因氧分壓的增加，會引起氧中毒或氮醉的症狀。因在水中身體受浮力的影響形成低重量狀態。因此，水中運動對身體的影響，首要的是，體液的分配和陸地有很大的改變。關於身體運動具體性的問題是，即使是和陸地上相同的運動強度，但游泳時的心跳率約減少10次/分，又即使和陸地上進行同樣的運動，與這運動有關的肌肉之作用機轉也不同（參照卷末的參考書「健康運動計畫的基礎~田徑運動和水上運動的科學研究」）。

第六節　營養

在這豐衣足食的年代，認爲攝取過多的食物是造成肥胖的元兇而經常忽視食物的攝取，這是很大的錯誤。不只是人類，宇宙間的所有生物，都以攝取營養謀求物種的存續。攝取適當質與量的營養不但可使日常生活充滿活力，而運動和競技時更是不可缺少營養。本節歸納與運動有關的營養價值並加以陳述。

一、營養素與其作用

營養素包含醣類、脂肪、蛋白質、無機鹽、維生素、纖維素及水等。所謂營養素是指生物從體外向體內吸收，被利用爲構成生物體內的原料和能源的物質。但是營養素的定義和以什麼作爲營養素的定論，隨著時代不同而有改變。例如食物纖維即使不被生物體內吸收，因其對生物體的有用性所以現在也被列爲營養素。

其中，作爲肌肉收縮能源的有醣類、脂肪和蛋白質等。但是因爲平常很少以蛋白質作爲肌肉收縮的能量，如在前節的呼吸商所陳述：「除非是在絕食和飢餓等狀態形成醣類攝取量極度減少或從事長時間運動等原因，否則是不會使用蛋白質的」。所以一般無視於蛋白質作爲肌肉收縮的能源。

蛋白質、脂肪及無機鹽等，可促進身體發育和補充身體組織的消耗。無機鹽、維生素、食物纖維素及水等，具有可調整身體和促進代謝順暢等的重要作用。因爲任何一種營養素都有其特有的作用，故每天必須善於均衡攝取這些食物。日本厚生勞動省提示食物攝取基準作爲每天應該攝取的標準，但是其攝取量則依年齡、性別及身體活動程度等條件不同而異。因爲沒有任何單一的食物可以充分包含這些必要的營養素，所以攝取多品類的食物很重要。如表9所示之例爲日本人的飲食攝取基準中的能量標準。

表9　能量的食物攝取基準：推算能量必要量（kcal/日）

性別	男性			女性		
身體活動程度	I	II	III	I	II	III
0~5（月）	—	550	—	—	500	—
6~8（月）	—	650	—	—	600	—
9~11（月）	—	700	—	—	650	—
1~2（歲）	—	1,000	—	—	900	—
3~5（歲）	—	1,300	—	—	1,250	—
6~7（歲）	1,350	1,550	1,700	1,250	1,450	1,650
8~9（歲）	1,600	1,800	2,050	1,500	1,700	1,900
10~11（歲）	1,950	2,250	2,500	1,750	2,000	2,250
12~14（歲）	2,200	2,500	2,750	2,000	2,250	2,550
15~17（歲）	2,450	2,750	3,100	2,000	2,250	2,500
18~29（歲）	2,250	2,650	3,000	1,700	1,950	2,250
30~49（歲）	2,300	2,650	3,050	1,750	2,000	2,300
50~69（歲）	2,100	2,450	2,800	1,650	1,950	2,200
70以上（歲）[2]	1,850	2,200	2,500	1,450	1,700	2,000
妊婦　初期（附加量）				+50	+50	+50
中期（附加量）				+250	+250	+250
末期（附加量）				+450	+450	+450
哺乳婦（附加量）				+350	+350	+350

1. 成人推算的必要能量 ＝ 基礎代謝量（kcal/日）×身體活動程度。
　　18~69歲的身體活度程度各為：I（低的）＝ 1.50，II（普通）＝ 1.75，III（高的）＝ 2.00。
　　70歲以上的身體活度程度各為：I（低的）＝ 1.45，II（普通）＝ 1.70，III（高的）＝ 1.95。
2. 主要是根據70歲~75歲以及過著自由生活為對象的報告所計算出來。
　　（第一出版編集部編：日本人的飲食攝取基準〔2010年版〕，第一出版，2009）

（一）醣類

醣類在體內以葡萄糖（glucose）形態存在於血液中，以肝醣（glycogen）形態蓄積於肌肉和肝臟。然而，所謂肝醣（glycogen）形態，因其分子構造式含有水分，不適合貯藏，所以多以合成爲脂肪貯藏於脂肪組織中。在體內醣類產生能量每一克醣類含有4kcal的熱量。而且，醣類是腦和神經系統唯一的能源。

（二）脂肪

脂肪是由食物中的醣類、脂肪和蛋白質合成。即使日常飲食中沒有攝食脂肪，如果所攝取的都是醣類中的米飯、糕點以及餅乾等，多餘的醣類也會合成脂肪在體內形成脂肪組織被貯藏起來。若擬多攝取蛋白質以增大肌肉量，但所攝取的蛋白質量超過需要量以上時，也會被轉換成脂肪而被貯藏起來。每一克（1g）脂肪可產生9卡（kcal）熱量，比醣類和蛋白質多出兩倍以上熱量。脂肪貯藏於脂肪組織，但是脂肪組織並非全都是脂肪，也包含有細胞膜等的實質部分。因此，脂肪組織所佔有的脂肪比率約爲85%，故每一克（1g）脂肪組織含有熱量爲：

$$9kcal/g \times 0.85 = 7.7kcal/g$$

（三）蛋白質

蛋白質不同於醣類和脂肪，在體內無法完全分解。構成蛋白質重要成分的氮，藉由尿、糞便、皮膚及毛髮等排除於體外。體內的蛋白質保持動性平衡，在構成身體的肌肉等組織的蛋白質其分解和合成是同時進行的。每一克蛋白質可以產生4kcal的熱量。而且，必須限於絕食和飢餓狀態等醣類攝取減少或長時間運動時，才能利用構成蛋白質的氨基酸作爲熱量。

（四）纖維素和水

食物纖維素是無法由人體內的消化酵素消化的食物中的難消化成分，具有可以促進排便和改善耐糖能作用等功能，扮演調整身體作用以及促進代謝圓滑順暢化等的重要任務。和醣類同屬碳水化合物，但是因不能消化，所以不能被吸收成為能量。

水是構成身體及具有體內營養素的運輸和廢物排除等不可缺少的作用。水雖然是人體進行代謝不可缺少的，但是因為水不能在體內轉換成能量，所以即使喝再多的水，身體也不會增加脂肪。同樣的，或是在三溫暖大量流汗之後，體內脂肪也不會減少。

二、運動的能源

如前述，醣類和脂肪是運動時肌肉收縮的主要能量。由呼吸商的計算方法，就可了解使用醣類和脂肪作為能源的比率。呼吸商的計算公式是在單位時間內被呼出（排除）的二氧化碳量和吸入的氧氣量之比率（參照第二章第四節）。如圖26所示，呼吸商隨運動強度增加而有增大傾向。從安靜狀態開始逐漸到達慢跑等中等強度運動為止，其呼吸商約保持在0.85的一定狀態，這表示，此時的運動能源醣類和脂肪各占一半。其後，隨著運動強度逐漸增加，達到最大運動時的呼吸商為1，此時表示，運動能源100%全由醣類供給。由以上所述，可謂為近年來倍受注目的有關運動減重，中等強度運動是最有效率燃燒體脂肪的論說背景。還有，擬燃燒體脂肪，運動時間也是很重要因素。如圖38所示，例如持續一個小時以上的中等強度運動，從運動開始後約20分鐘，其運動能源醣類和脂肪各占一半，其後，脂肪的利用比率逐漸增加。因此，希望有效率燃燒體脂肪，至少中等強度的運動需要持續20分鐘以上。

其次，試算持續一小時走路使用的脂肪組織的量。假設每一分鐘的耗氧量為1L，二氧化碳的排除量為0.85L，其呼吸商為0.85。所以

燃燒1L（一公升）的氧相當於4.86卡（kcal）熱量，是醣類和脂肪的
燃燒比率各一半（參照第二章第四節圖28）。

1小時走路的氧總消耗量：1L/分×60分 = 60L
1小時的總能量消耗量：4.86kcal/L×60L = 291.6kcal

　　因為能量的一半是來自脂肪，而脂肪組織能量是7.7kcal/g，所
以1小時燃燒的脂肪組織量為18.9g《（291.6kcal÷2）÷7.7kcal/g
= 18.9g》。而燃燒的醣類量是36.5g《（291.6kcal÷2）÷4kcal/g =
36.5g》。而實際上，因為運動時間越長脂肪利用比率越多，所以脂
肪組織的減少量也許還會再多一點。

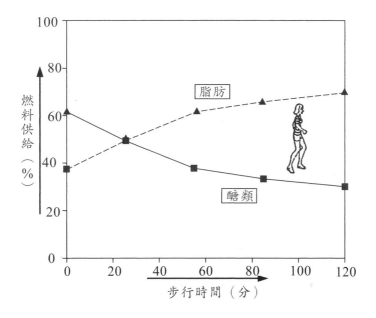

圖38　長時間運動的脂肪和醣類貢獻度的變化（p.48）
（Fox：Sports Physiology,Sanders College,1979）

三、運動與肝醣（glycogen）的貯藏

　　一般競技運動的運動強度是在中等程度以上的運動。如圖28所示，如果是中等程度以上的運動強度，因其能源利用醣類的比率增加，所以對運動選手而言，如何貯藏醣類（肝醣）對運動成績可能造成很大的影響。

　　如圖39所示，是1939年的古典性的研究文獻，其研究內容是「運動前攝食內容對運動持續時間之影響」。使用的運動是強度為 $60\sim70\%\dot{V}O_2max$ 的腳踏車測功計（bicycle ergometer）運動。其結論是運動到疲勞困憊的時間，攝取高醣類食物時比攝取高脂肪食物時的運動時間多出3倍。其後之研究文獻更了解到運動前如果攝取高醣類食物，則肌肉中的肝醣含量會增加。隨著研究的進行，如圖40所

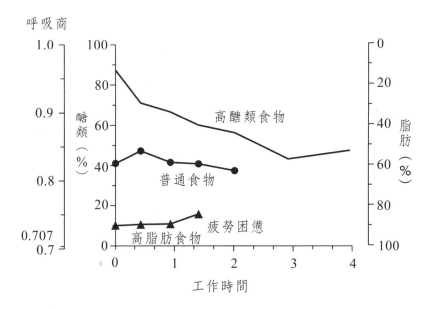

圖39 長時間作業（腳踏車測功計1080kpm/mun，$60\sim70\%\dot{V}O_2max$）
　　　中的非蛋白質呼吸商和飲食的影響

（Christensen & Hansen：Arbeitsfähigkeit und Ehrnährung.Skand.Arch.
Physiol.81：160,1939）

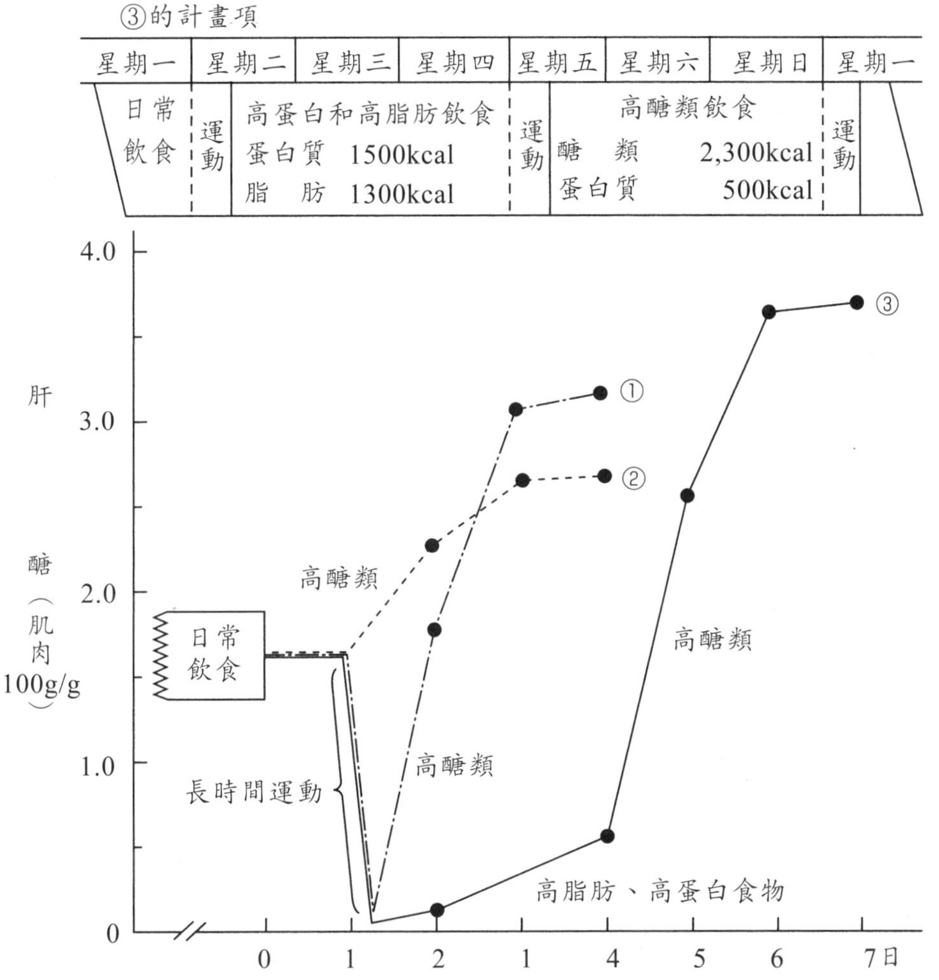
③的計畫項
星期一
星期二
星期三
星期四
星期五
星期六
星期日
星期一
日常飲食
運動
高蛋白和高脂肪飲食
蛋白質 1500kcal
脂 肪 1300kcal
運動
高醣類飲食
醣 類 2,300kcal
蛋白質 500kcal
運動
4.0
3.0
2.0
1.0
0
肝醣（肌肉100g/g）
日常飲食
長時間運動
高醣類
高醣類
高醣類
高脂肪、高蛋白食物
①
②
③
0
1
2
1
4
5
6
7日

圖40　三種飲食和運動組合形式（①~③）與肝醣量之差異

（Saltin & Hermansen：Glycogen stores and prolonged severe exercise,Blix編：Nutrition and physical activity,Almqvist and Wiksell,1967）

示，了解由到高醣類飲食和運動的組合，可使肌肉肝醣的貯藏量較高。圖中攝取日常飲食者，其肌肉中的肝醣量是每100g的肌肉約有1.5g的肝醣。而如圖40②那樣攝取高醣類飲食者則第二天增加到2.5g。但是如圖40①，令受試者運動到疲勞困憊讓肌肉中的肝醣枯

竭，但是第二天其肝醣貯藏量超過3g。還有，效果更好的是如圖40③運動到疲勞困憊之後的2~3天之間，攝取高蛋白質和高脂肪的飲食，其後再攝取高醣類飲食，則其肌肉中的肝醣貯藏量超過3.5g。由以上三種飲食和運動組合觀察肌肉肝醣貯藏量的方法，稱之為肝醣超載（glycogen loading）。是依據飲食提高肌肉耐力的方法，在競技運動界廣為使用。

然而，圖40的肝醣超載方法被認為是古典性的方法。其問題點在於低醣類飲食（即高蛋白質和高脂肪飲食）期間，容易形成低血糖現象，鬥志降低。從低醣類飲食轉換成高醣類飲食，則容易引起腹瀉和腹痛，感覺一週的飲食控制期間過長的反應。圖41是圖40的改良式方法，依圖41所示是運動負荷的賽前減量法（Tapering）。亦即運動強度仍舊保持在70~75%$\dot{V}O_2$max，而將運動時間逐漸縮短的方法。即第一天是90分鐘、第二天到第三天是40分鐘、第四天到第五天20分鐘等的運動時間逐漸減少方法。比賽前一天的第六天保持安靜休息。飲食方面，不同於古典性研究方法的前半部分的低醣類，而是採用50%醣類的混合飲食。後半部分則採高醣類飲食。即使這種改良方法，其肌肉內肝醣的貯藏量與古典性研究方法相同。

進行肝醣超載法，必須注意之事項為運動強度必須在60%$\dot{V}O_2$max以上，否則沒有效果。以一般慢跑的運動強度是不可能期待有效果產生。且，因為肝醣的分子構造上含有水分，所以實施肝醣超載法後的身體，可能產生水分滯留臃腫不快感。

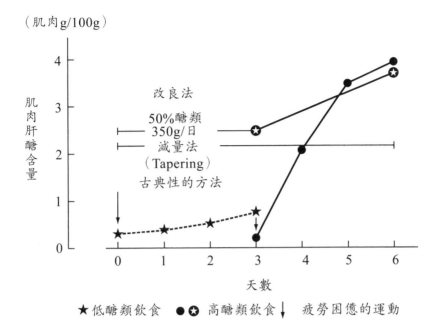

（肌肉g/100g）

★ 低醣類飲食　● ✪ 高醣類飲食 ↓ 疲勞困憊的運動

圖41　古典的和改良法的碳水化合物超載法及肌肉肝醣含量之比較

（Sherman：Carbohydrates, muscle glycogen,and muscle glycogen supercompensation.WIIiams編：Ergogenic aids in sport,Human Kinetics,1983）

第七節　人體形態

　　談及體能，常常注目於身體的大小和形狀。儘管如此，在體能分類時往往容易忽視身體的形態。形態不像身體的機能，因為和運動能力沒有直接關連，故往往被視為次要性體能。然而，身體要充分發揮機能時，形態具有做為基礎的極重要的任務。靜性方面有身高和體重大小、肢體的長短和相對性比率以及體脂肪和肌肉量的多少等問題。而從生物力學觀點而言，動態場面的姿勢和體勢就成為重要的課題。

一、體重

　　人體體重對所有運動而言，其本身雖是一種負荷，但也是大的能量來源。如本節三「身體組成」所述，如果從身體組成研究的二分法來考量時，體重是由脂肪體重和除脂肪體重所構成。以身體組成的觀點而言，對很多的運動來說，脂肪并不具備能量發生源的價值，只不過是鉛錘而已。相對的，除脂肪體重是能量發生源。因此，幾乎對所有競技運動的選手而言，減少脂肪增加除脂肪體重是很重要的。另一方面，對一般人來說，體重與肥胖有密切的關連性。因此設計出各種的體型指數，但是以肥胖的標準而言，最好使用在體重內所佔的脂肪比率，亦即體脂肪率。

（一）競技運動項目和體重

　　物理學方面所有的量都以長度（L）、質量（M）、時間（t）表示。如果將物理學性的容積 （dimension）用在生理學方面考量，可將「長度」做為單一的尺度換為生理學性的容積（dimension）。表10是有關量的容積的歸納。將「長度」作為身高、「質量」作為體重等考量時，體重與身高的立方成比例。以「機能」而言，速度則與身高無關。也就是陸上競技跑的徑賽項目和馬拉松等選手的身高大小與競技成績無關。而加速度則與身高成反比例，例如向各方向頻繁使用加速度的器械體操，身高較小且體重較輕的選手較有利。然而，力、能量以及動力等則與身高的平方或立方成比例，相撲和投擲競技是身高高的有利，而且與體重關係密切。但是柔道或舉重為平衡形態上的不公平，以體重為基準採用重量分級制。不只是理論性的分析，實際上，以男女選手的各種運動項目的身高和體重之關係來看，用容積（dimension）分析似乎已有明確的傾向。

表10　物理學和生理學的容積（dimension）

量	容積	
	物理學	生理學
長度	L	L
質量	M	L^3
時間	t	L
面積	L^2	L^2
體積	L^3	L^3
速度	Lt^{-1}	L^0
加速度	Lt^{-2}	L^{-1}
力	LMt^{-2}	L^2
能量	L^2Mt^{-2}	L^3
動力	L^2Mt^{-3}	L^2

（Åstrand & Rodahl：Textbook of work physiology, McGraw Hill Book Company,1986,摘錄一部分）

（二）標準體重

　　從體重簡便的計算出肥胖度作爲判定肥胖基準，稱之爲標準體重。依求得的肥胖度範圍在±10%以內評價爲正常，+20%以上評價爲肥胖，肥胖度範圍在-10%以下評價爲體重過輕（瘦）。設定標準體重之際，至少有兩種考量方法，一種是以死亡率等的疫學性調查結果作爲目標的方法，稱之爲理想體重或希望體重。另一種是進行統計處理，將代表某身高的體重作爲標準體重的方法。表11所歸納的是，有關日本人標準體重表的摘錄。除厚生省（現在厚生勞動省）以外，雖然還有幾個標準體重表的報告，但是從成立過程而言，都被限定在某年代的。任何一個標準體重表都不可能具有超越年代的普遍性。

　　除此之外，有無法歸納於表上的標準體重的考量方法。其中之一的提議是，如果體脂肪率是在理想範圍內（與年齡無關，男性10－

15%，女性20－25%），以此方法則與身高體重無關連，其體重即為理想的體重。減重時根據此方法比採用標準體重法好。此外也有使用BMI（body mass index），又稱為身體質量指數，以罹病率最低的BMI為22的體重作為標準體重的方法。

表11　20~29歲的日本人的標準體重（kg）

身高(cm)	男	女	身高(cm)	男	女	身高(cm)	男	女
130	39.1	38.2	150	49.5	47.6	170	62.6	59.3
132	40.0	39.0	152	50.6	48.7	172	64.0	60.7
134	41.0	39.9	154	51.8	49.7	174	65.6	62.0
136	41.9	40.8	156	53.1	50.9	176	67.1	63.4
138	42.9	41.7	158	54.3	52.0	178	68.7	64.8
140	44.0	42.6	160	55.6	53.1	180	70.4	66.3
142	45.0	43.6	162	56.9	54.3	182	72.0	67.7
144	46.1	44.6	164	58.3	55.5	184	73.8	69.2
146	47.2	45.6	166	59.7	56.8	186	75.5	70.8
148	48.3	46.6	168	61.1	58.0	188	77.3	72.4
						190	79.1	74.0

（厚生省保健醫療局健康增進營養課編：肥胖和瘦的判定表、圖，第一出版 1986）

二、體型和體型指數

體型分類歷史悠久，以往是從保健學性和心理學性等觀點分類。古希臘醫學者Hippokrates（西元前460~西元前375）將短胖體型做為腦中風體質，細長體型做為結核體質等稱呼。德國精神醫學者Ernst Kretschmer（1888~1964）從與性格之關連，將體型分類為肥胖型、鬥士型及瘦身型等。其後，20世紀中期Sheldon（1904）提出將體型

從三種因素組合分類。三種因素爲內胚葉性因素（有很多稱之爲內胚葉性型，如用「型」則有違原文的意思，如將型代之以因素較爲適合），中胚葉性因素以及外胚葉性因素等。各因素中依發達程度分級評價，最惡劣狀態設爲1，最優秀狀態設爲7等階段作爲評價，再依其評價組合表示體型。如評價組合爲444是表示最中庸的體型。目前體能科學領域所看到的分類法是沿襲Sheldon理念的西斯（Heath）和卡特（Carter）的體型分類法。此方法的評價標準爲：從1/2~16爲內胚葉性因素（身體全部呈現圓柔），從1/2~12爲中胚葉性因素（肌肉和骨發達全體呈現四方形），從1/2~19爲外胚葉性因素（肌肉不發達直線型軟弱）。然而，一般的評價是從1/2~7，7以上表示極端高的評價，圖42所示，是男性田徑競技選手的體型分類。

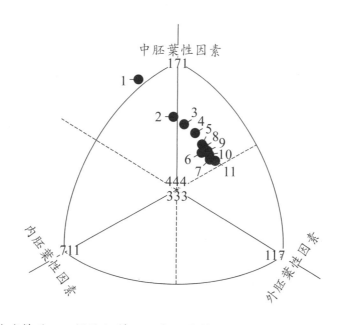

1.鉛球和鏈球擲遠；2.標槍投擲；3.十項競技；4.100m，200m和110m跨欄；5.撐竿跳；6.跳躍；7.800m，1500m；8.競走；9.400m和400m跨欄；10.馬拉松；11. 3000m，5000m，10000m

圖42 男性田徑競技選手體型分類

（Carter & Heath：Somatotyping-development and applications, Cambridge University Press,1990）

　　另一方面，體型指數是將體型以簡便、客觀、且總合性等表現的意圖之下所設計出來的（參照第三章第一節之二）。體型指數是以身高、體重、胸圍及座高等組合所設計而成的。而身高和體重之組合有比體重、卡厄普指數（Kaup Index）以及羅列指數（Rohrer's Index）等。卡厄普指數（Kaup Index）後來改稱為身體質量指數（BMI），BMI常被使用作為評價肥胖的營養指數。還有，將體型指數稱之為體格指數，如果從體格的定義思考時，也許是誤用吧！

三、身體組成

　　身體組成（body composition）是指人體由怎樣的組織和器官，或分子和元素構成。其研究目的是將構成因素定量化，或求相對性的比率。一般使用二分法將體重分成脂肪和其他組織（肌肉、骨、腦、神經及內臟等的總和，稱之為除脂肪體重）。體重內所佔的脂肪比率，稱之為體脂肪率（%fat），被廣泛應用於競技運動選手的身體鍛鍊程度和肥胖的判定。除脂肪體重（lean body mass；LBM）內含有約50%的肌肉量，故被認為是評價肌肉量的適宜標準。

（一）加齡和性別差異

　　身體組成在青春期前的性別差異不顯著。但是青春期後則有顯著性別差異。青春期後女性之脂肪增加成豐滿的身材，男性則肌肉發達身材結實。如圖43所示，是依照密度法（參照第三章）求出的日本人平均性別差異和加齡的身體組成變化情形。由圖中可知，青春期前的男女之體重和身體組成幾乎沒有差異。然而，過了青春期20歲年代除脂肪體重顯著表現變化，男性的除脂肪體重急速增加，體重也增加。但是因為脂肪量的絕對值在50歲年代以前沒有明確的性別差異，故青春期以後男性的體脂肪率比女性少。

　　20歲以後，男性隨著除脂肪體重的減少體重也逐漸減少，日本人男性的除脂肪體重的減少率，每10年減少3.7%。女性則20歲以後到40歲以前除脂肪體重沒有減少，但50歲以後逐漸減少。雖然測量方法不同，但是依據Forbes（1987年）的研究報告，歸納美國人的相關資料的結果，除脂肪體重每10年的減少率男性是3%，女性為2%。而脂肪量方面，男性從青春期到30歲呈現增加，但是30歲以後則約保持一定。而女性則隨年齡增加而持續增加。脂肪量每10年的平均增加率，男性至約50歲增加6.2%，女性則至約在70歲增加16.1%。體脂肪率也和脂肪量有相同的傾向。但是男性有從青春期前到20歲，脂肪率和脂肪量有減少的特徵。

　　在以體脂肪率做為肥胖基準的身體組成的研究，男性設定在20%，女性設定在30%（參照第七節三之（三））。由圖43所示的結果，日本人男性平均在50歲年代，女性則在60歲年代已達到肥胖基準。這種隨年齡增加的變化，日本人和歐美人的表現不同。如圖44和圖43是相同年代的研究數據，測量方法也使用相同密度法，研明了歐美人的性別和加齡的體脂肪率有差異。以全體性而言，男女兩性都是隨著年齡增加而增加體脂肪率。但是男性在20歲年代，日本人和歐美人都沒有差異問題，而歐美人則隨著年齡增加體脂肪率有急速增加之傾向。因此，歐美人男性達到體脂肪率20%的肥胖基準是在30~40歲年代。比日本人較早達到肥胖基準。女性方面也有同樣傾向，歐美人比日本人較早在年輕年代就已達到肥胖基準的傾向。

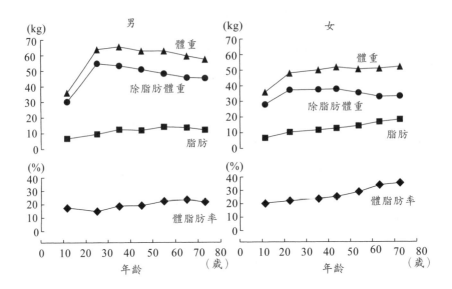

圖43 伴隨著加齡體重和身體組成的變化

（Kitagawa等,Body composition of Japanese from the prepubescent to the aged, Nose等編：Perspectives in exercise science and sports science series Cooper Publishing Group LLC.1998）

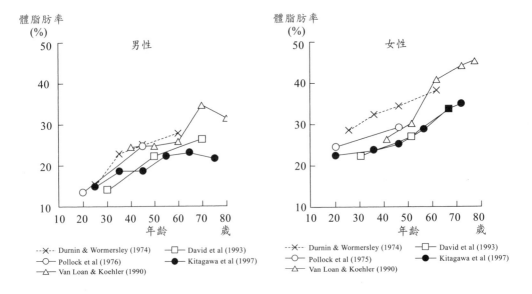

圖44 體脂肪率的國際性比較

（Kitagawa等：Body composition of Japanese from the prepubescent to the aged,Nose等編：Perspectives in exercise science and sports science series. Cooper Publishing Group,LLC,1998）

（二）競技運動選手的身體組成

探索競技運動選手的身體組成，不是一件簡單的事。畢竟，全部都是運動成績優越的選手，因爲不可能只從身體組成的形態性特徵，結論出有關競技的成績。嚴格的說，經過長時間的專心致力於某種競技運動項目訓練的結果，形成擁有適合該項目的身體組成，雖然是合乎生物的「適應能法則」，但是「專注致力」的方法每個人不同，且有千變萬化的差異。關於這一點，身體機能也一樣。但是，身體機能與競技能力直接關聯的部分比形態部分容易了解。即使某競技項目選手持有理論上的理想身體組成，如果不能獲得好的競技成績，以此結果觀之也無法論定其身體組成是否合乎理想狀態。

在此所引用資料，身體組成的測量，評價法幾乎都是密度法，雖數量很少但也有一些包含有水分法和鉀分析法（參照第三章第一節之一）。表12-A，B所表示的是各資料的平均值，不包含個人值。關於體重分級制的競技運動項目，其理想的身體組成意義和其他競技運動項目可能不同。而且，即使是相同的運動項目，因競技選手在比賽現場的職務或位置不同，理想的身體型態和身體組成也會不同。關於那樣的運動項目，本書只揭載一部分而已。

1. 體脂肪率

表12-A和B是歸納世界競技運動選手的身體組成。依據這些身體組成，歸納體脂肪率的特徵如下所示。以日本的一般青年人的資料做爲比較基準。若與體脂肪率是13%（13% Fat）的一般男性比較，器械體操、定向越野（orienteering）以及除投擲等競技運動之外的田徑項目，北歐滑雪（Nordic Sking）以及健美運動（body building）等的體脂肪率都較低。相對的，游泳的海峽泳者的體脂肪率顯著的高，超過男性肥胖基準20%以上。但是，除此以外的運動項目大概和一般日本人相同。因一般女性的體脂肪率是22.3%，表示顯著低體脂肪率的是器械體操和除投擲之外的田徑項目、競泳、水中芭蕾（synchronized swimming）、鐵人三項（Triathlon）以及健美（body building）等競技運動。然而，不像男性那樣有超過一般人很多的競技運動項目。

可是對男性海峽泳者的體脂肪率遠超過肥胖基準值，也許對競技運動選手的形像給予不同的印象。但是筆者曾經測量過現在仍為世界性的著名女性海峽泳者Lynne Cox女士，23歲時的體脂肪率是35.5%，遠超過女性的肥胖基準。如果以身體必須長時間待在水中為考量時，以浮力和耐寒性而言，海峽泳者有高體脂肪率是較適宜的身體組成。Lynne Cox女士的每1m身高的體脂肪量和除體脂肪體重分別為20.2kg/m，36.9kg/m，供諸位參考。

表12-A　競技項目別身體組成一覽表（男性）

競技項目	身高 (cm)	體重 (kg)	%F (%)	F (kg)	L (kg)	F/身高	L/身高	資料來源
①棒球	183.1	88.00	12.6	11.1	76.9	6.1	42.0	2)
	178.7	81.7	15.5	12.7	69.0	7.1	38.6	3)
	182.7	83.3	14.2	11.8	71.5	6.5	39.1	4)
①排球	185.3	78.3	9.8	7.7	70.6	4.1	38.1	2)
	185.1	75.4	11.6	8.7	66.7	4.7	36.0	3)
	180.4	68.6	9.9	6.8	61.8	3.8	34.3	4)
①籃球	194.3	87.5	10.5	9.2	78.3	4.7	40.3	2)
	200.6	96.9	9.0	8.7	88.2	4.3	44.0	4)
①足球	176.8	72.4	9.5	6.9	65.5	3.9	37.1	2)
	174.3	69.3	11.5	8.0	61.3	4.6	35.2	3)
	169.0	63.9	8.9	5.7	58.2	3.4	34.4	1)
①橄欖球	182.2	82.6	8.7	8.2	75.4	3.9	41.4	1)
	180.2	84.0	16.9	14.2	69.8	7.9	38.7	3)
①美式足球	188.1	101.5	13.4	13.6	87.9	7.2	46.7	5)
①手球	168.8	64.7	8.1	5.2	59.5	3.1	35.2	1)
②羽毛球	180.0	71.2	12.8	9.1	62.1	5.1	34.5	2)
②網球	179.1	73.8	11.3	8.3	65.5	4.7	36.5	2)

（續下頁）

競技項目	身高 (cm)	體重 (kg)	%F (%)	F (kg)	L (kg)	F/身高	L/身高	資料來源
	171.1	63.1	9.7	6.1	57.0	3.6	33.3	1)
	179.6	77.1	16.3	12.6	64.5	7.0	35.9	4)
③器械體操	168.7	65.8	6.5	4.3	61.5	2.5	36.5	2)
	168.7	58.2	5.5	3.2	55.0	1.9	32.6	1)
	170.5	64.8	4.2	2.7	62.1	1.6	36.4	6)
	178.5	69.2	4.6	3.2	66.0	1.8	37.0	4)
④競泳	178.3	71.0	8.8	6.2	64.8	3.5	36.3	2)
	175.2	69.6	11.7	8.1	61.5	4.6	35.1	3)
	175.9	69.8	12.5	8.7	61.1	5.0	34.7	4)
	182.2	79.1	8.5	6.7	72.4	3.7	39.7	6)
	182.9	78.9	5.0	3.9	75.0	2.2	41.0	4)
⑤海峽泳者	173.8	87.5	22.4	19.6	67.9	11.3	39.1	2)
	184.3	93.1	26.4	24.6	68.5	13.3	37.2	7)
⑤田徑中長距離	177.0	63.1	4.7	3.0	60.1	1.7	34.0	2)
	170.0	57.7	9.9	5.7	52.0	3.4	30.6	3)
	169.4	55.2	7.2	4.0	51.2	2.3	30.2	1)
	177.3	64.5	6.3	4.1	60.4	2.3	34.1	6)
	177.0	66.2	8.4	5.6	60.6	3.1	34.0	4)
⑥馬拉松	176.8	62.1	4.3	2.7	59.4	1.5	33.6	5)
⑥定向越野 （Orienteering)	176.2	64.7	10.7	6.9	57.8	3.9	32.8	2)
⑥競走	178.4	66.1	7.3	4.8	61.3	2.7	34.3	2)
⑦田徑短距離	179.9	66.8	8.3	5.5	61.3	3.1	34.0	2)
	176.0	67.4	7.5	5.1	62.3	2.9	35.4	1)
	173.6	65.3	7.1	4.6	60.7	2.7	35.0	*
⑧跳躍	181.7	69.2	8.5	5.9	63.3	3.2	34.8	2)
	182.1	68.5	8.0	5.5	63.0	3.0	34.6	1)
⑨投擲	177.2	78.9	12.4	9.8	69.1	5.5	39.0	1)
	190.8	110.5	16.3	18.0	92.5	9.4	48.5	4)

（續下頁）

競技項目	身高 (cm)	體重 (kg)	%F (%)	F (kg)	L (kg)	F/身高	L/身高	資料來源
⑩腳踏車	176.4	68.5	10.5	7.2	61.3	4.1	34.8	2)
	172.7	75.3	15.6	11.7	63.6	6.8	36.8	3)
⑪鐵人三項 （Triathlon）	176.4	73.3	12.5	9.2	64.1	5.2	36.4	2)
⑫速度滑冰 （Speed Skating）	178.0	73.3	7.4	5.4	67.9	3.0	38.1	2)
	168.1	63.9	10.6	6.8	57.1	4.0	34.0	3)
	181.0	76.5	11.4	8.7	67.8	4.8	37.4	4)
⑬北歐滑雪 （Nordic Sking）	179.0	71.8	7.2	5.2	66.6	2.9	37.2	2)
	176.6	74.8	7.5	5.6	69.2	3.2	39.2	6)
	176.2	73.2	7.9	5.8	67.4	3.3	38.3	4)
⑭高山滑雪 （Alpine Sking）	174.7	73.3	12.3	9.0	64.3	5.2	36.8	3)
	173.2	70.2	9.2	6.5	63.7	3.7	36.8	8)
	176.0	70.1	14.1	9.9	60.2	5.6	34.2	4)
	177.8	75.5	10.2	7.7	67.8	4.3	38.1	4)
⑮健美 （Body building）	177.1	82.4	9.3	7.7	74.7	4.3	42.2	2)
	178.8	88.1	8.3	7.3	80.8	4.1	45.2	4)
⑯健力 （Power lifting）	173.5	80.8	9.1	7.4	73.4	4.2	42.3	2)
	176.1	92.0	15.6	14.4	77.6	8.1	44.1	4)
⑯舉重	166.3	76.5	9.9	7.6	68.9	4.6	41.4	6)
⑰划船 （Boat）	183.4	77.0	10.0	7.7	69.3	4.2	37.8	1)
★一般人	170.2	61.1	13.0	7.9	53.2	4.7	31.2	9)

表12-B　競技項目別身體組成一覽表（女性）

競技項目	身高 (cm)	體重 (kg)	%F (%)	F (kg)	L (kg)	F/身高	L/身高	資料來源
①壘球 （Soft ball）	167.1	59.6	19.1	11.4	48.2	6.8	28.9	2)
①籃球	176.5	66.8	19.2	12.8	54.0	7.3	30.6	2)
	168.9	61.9	19.8	12.3	49.6	7.3	29.4	3)
	169.1	62.6	20.8	13.0	49.6	7.7	29.3	4)

（續下頁）

競技項目	身高 (cm)	體重 (kg)	%F (%)	F (kg)	L (kg)	F/身高	L/身高	資料 來源
①曲棍球 （Hockey）	159.8	58.1	21.3	12.4	45.7	7.7	28.6	2)
①排球	178.3	70.5	17.9	12.6	57.9	7.1	32.5	2)
	172.2	64.1	21.3	13.7	50.4	7.9	29.3	4)
①足球	164.9	61.2	22.0	13.5	47.7	8.2	28.9	2)
	160.3	58.0	25.2	14.6	43.4	9.1	27.1	3)
①手球	163.6	63.8	23.9	15.2	48.6	9.3	29.7	1)
②羽毛球	167.7	61.5	21.0	12.9	48.6	7.7	29.0	2)
②網球	164.7	59.6	22.4	13.4	46.2	8.1	28.1	2)
	160.7	53.1	18.8	10.0	43.1	6.2	26.8	1)
	163.3	55.7	20.3	11.3	44.4	6.9	27.2	4)
③器械體操	160.6	53.7	15.3	8.2	45.5	5.1	28.3	2)
	157.0	48.7	12.3	6.0	42.7	3.8	27.2	1)
	158.5	51.5	15.5	8.0	43.5	5.0	27.5	4)
④競泳	164.5	53.3	17.2	9.2	44.1	5.6	26.8	2)
	168.8	57.9	15.6	9.0	48.9	5.4	29.0	2)
	169.6	56.0	16.1	9.0	51.0	5.3	30.0	2)
	164.2	54.6	15.3	8.4	46.2	5.1	28.2	3)
	163.8	55.6	19.3	10.7	44.9	6.6	27.4	1)
	168.0	63.8	26.3	16.8	47.0	10.0	28.0	4)
④水中芭蕾 （Synchronized）	162.5	53.4	17.2	9.2	44.2	5.7	27.2	10)
⑤田徑中長距離	161.0	47.2	14.3	6.7	40.5	4.2	25.1	2)
	169.4	57.2	15.2	9.1	48.1	5.4	28.4	5)
	160.0	48.7	15.4	7.5	40.4	4.7	25.3	3)
	159.3	52.7	19.5	10.3	42.4	6.5	26.6	1)
⑤競走	163.4	51.7	18.1	9.4	42.3	5.7	25.9	2)
⑥田徑短距離	166.5	54.0	10.9	5.9	48.5	3.5	29.2	2)
	158.8	51.2	16.2	8.3	42.9	5.2	27.0	1)
	164.9	56.7	19.3	10.9	45.8	6.6	27.7	4)
	161.4	52.4	13.1	6.9	45.5	4.3	28.2	*

（續下頁）

競技項目	身高 (cm)	體重 (kg)	%F (%)	F (kg)	L (kg)	F/身高	L/身高	資料 來源
⑦跳躍	173.6	57.1	12.9	7.4	49.7	4.2	28.6	2)
	161.8	51.4	13.7	7.0	44.4	4.4	27.4	1)
⑧投擲	163.0	62.7	21.9	13.7	49.9	8.4	30.0	1)
	168.1	71.0	25.0	17.8	53.3	10.6	31.7	4)
⑨鐵人三項 （Triathlon）	162.1	55.2	16.5	9.1	46.1	5.6	28.4	2)
⑩速度滑冰 （Speed Skating）	165.0	61.2	16.5	10.1	55.0	6.1	33.3	2)
	159.7	59.0	20.7	12.2	46.8	7.6	29.3	3)
⑪北歐滑雪 （Nordic Skiing）	164.5	56.9	16.1	9.2	47.7	5.6	29.0	2)
	163.0	59.1	21.8	12.9	46.2	7.9	28.4	4)
⑫高山滑雪 （Alpine Skiing）	162.3	60.0	22.8	13.7	46.3	8.4	28.5	3)
	165.1	58.8	20.6	12.1	46.7	7.3	28.3	4)
⑬健美 （Bodybuilding）	165.2	56.5	13.5	7.6	48.9	4.6	29.6	2)
	160.8	53.3	13.2	7.1	46.6	4.4	29.0	5)
⑭健力 （Power lifting）	164.6	68.8	21.5	14.7	53.6	9.0	32.7	2)
⑮划船（Boat）	158.7	60.8	21.1	12.8	48.0	8.1	30.2	1)
★一般人	156.8	51.6	22.3	11.5	40.1	7.3	25.6	9)

%F：體脂肪率　F：脂肪量　L：除脂肪體重
競技運動項目的編號和記號和圖45中的編號和記號相對應。
表中的「資料來源」是參照下方（　）所表示的引用文獻。
＊：北川未公開資料
（北川：競技運動者理想的身體組成和其評價法，臨床スポーツ醫學23：
341,2006）

2. 脂肪量和除脂肪體重

圖45所示，是每1m身高的脂肪量和除脂肪體重之關係。體重的量隨身高增高而有增加的傾向。因此，為了使身高的影響盡可能減少到最低限度，所以用每1m身高的量表示。圖中★的記號是一般人的平均值，斜線區域是表示日本一般青年人的平均值±1個標準差，此

乃意味著，如落在此範圍內是相當於一般人的脂肪量和除脂肪體重。

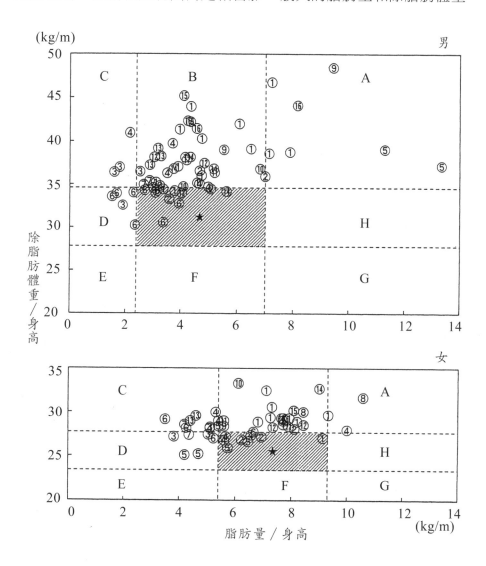

圖45　競技項目別每1m身高的脂肪量和除脂肪體重之關係

（圖中的號碼和★記號請參照表12-A，B斜線區域則參照本文）
（北 川：競 技 者 的 理 想 身 體 組 成 和 其 評 價 法，臨 床 ス ポ ー ツ 醫 學 2 3：
345,2006）

　　男女兩性比較時，男性的脂肪量比女性少，而除脂肪體重則比女性有較多的傾向。然而，男女兩性的共同傾向是除體脂肪體重至少是和一般人的同等以上，但是脂肪量則有很大差異。

　　「體脂肪量少而肌肉量多」，是一般人對競技運動選手的意象（image）。在圖45中C是相當於此區域（但是使用除脂肪體重代替肌肉量），然而，以圖45所見爲限，男性競技運動選手方面，除器械體操和競泳的一部分符合之外，其餘幾乎沒有符合一般人對競技運動選手意象（image）的運動項目。女性競技運動選手方面，只有健美的全部以及器械體操、競泳、田徑短距離和跳躍等的一部分符合。倒是一般人對競技運動選手意象稍爲不同的B區域，B區域則是體脂肪量和一般人相同，但肌肉量多的男女競技運動選手壓倒性的多於其他區域。還有，A區域則是肌肉量比一般人多，而體脂肪量也在一般人之上的競技運動選手比較多。符合A區域的，男性方面有海峽泳者全部以及球類、投擲、健力（powerlifting）的一部分。而女性方面則有球類、競泳及投擲的一部分。其中較顯著的是男性海峽泳者，由海峽泳的運動特性而言，選手們的脂肪量多，不僅是沒有格外的問題，反而可能是有利的。這是必須注意的特點。

（三）肥胖

1. 肥胖定義

　　在體內主要在皮下及內臟網膜（caul fat）貯藏積蓄過多脂肪的狀態，稱之爲肥胖。然而曾有一段很長時間認爲肥胖就是體重過重，所以從身高和體重計算出指數，例如使用BMI和標準體重等作爲判定肥胖挑出肥胖者的緣由。雖然利用這些指數沒有絕對性的錯誤，但是，具有不能區別肌肉量多的競技運動選手和眞正肥胖者之間差異的本質性缺點。如果嚴密的考慮肥胖的定義，肥胖的判定基準，使用體脂肪率做爲身體組成的研究是合乎道理的。其判定基準爲成年男性是

20%，而女性是30%。另一方面，也有依形態的指數BMI為25，而依標準體重指數則為+20%等作為肥胖的判定基準。

與以上的肥胖判定基準不同的尚有，臨床上因脂肪附著部位之不同而有不同肥胖型態。亦即應注目於腹部型肥胖（上半身型肥胖）和臀部大腿部型肥胖（下半身型肥胖）之間的疾病發生率不同。

2. 自體脂肪率觀察肥胖基準

由體脂肪率觀察肥胖基準，男性是20%，女性是30%，茲將其基準依據分別說明如下：

其一為，訂定為肥胖基準的體脂肪率乃是指脂肪細胞吸收脂質而肥大，但是吸收達飽和狀態時脂肪細胞開始增殖，以其增殖時點的體脂肪率訂定肥胖基準。其二為，由美國年輕人的身體組成研究制定而成的肥胖基準得知，美國年輕人體脂肪率的平均值，男性為15%，女性為25%。因為一個標準差是5%，所以認為，如果將男、女平均體脂肪率加一個標準差5%（高一個標準差），則男性體脂肪率為20%，女性體脂肪率為30%。關於此基準，在日本也有經由醫學性檢查後肯定為妥當的報告，且關於男性的基準從體能學觀點而言也是妥當的。

還有，做為10多歲年代的肥胖基準，雖也提出男性體脂肪率為20%，女性體脂肪率為25%等的建議，但其妥當性沒有經過充分的驗證。而且，在肥胖者比日本多的美國，也有提出採用男性體脂肪率為25%，女性體脂肪率為35%的建議。

3. 肥胖者的體能

一般人普遍認為，肥胖者因為動作較為緩慢，運動能力和體能也較低劣。關於肥胖者的體能研究，很早以前就有很多相關的研究報告，將肥胖狀態用體型指數等的定性化研究。歸納其研究結果得知，必須移動體重的體能發揮方面，肥胖者劣於非肥胖者。而不伴隨移動體重的肌力發揮則兩者沒有差異。

　　但是，這種研究報告只是將問題放在進行運動時成績表現的結果，並沒有檢討到肥胖者的生物性機能單位是否良好。例如是肌力。雖然說肥胖不影響肌力，但是因肥胖者的除脂肪體重比非肥胖者大，亦即，肥胖者的肌肉量雖然多，但肌力表現則與非肥胖者相同。換言之，如果以每單位面積肌肉量的肌力比較時，則變成肥胖者表現較非肥胖低劣。

　　從這種身體組成的觀點，對青年男性進行檢討，其結果說明如下：全身迅速敏捷跳躍的跳躍反應運動（參照第二章第一節之五）之肥胖者的反應較慢，其原因不在神經系統機能，而是因過多脂肪成為物理性負荷作用。肌力方面，因為肥胖者單位體重的肌力相對值較低，所以必須支撐體重的垂吊單槓、跑及行走等運動，對肥胖者也不利。其次，全身迅速敏捷移動的動力（power），肥胖者雖然速度慢，但是體重大，有利動力作用，因此肥胖者的動力（power）比非肥胖者優越。全身耐力指標的最大攝氧量而言，其絕對值或除脂肪體重的相對值，肥胖者和非肥胖者之間沒有差異。但是單位體重的相對值則肥胖者較為低劣。

　　如上所示，關於肥胖者的體能特徵，被確認為肥胖者是有如非肥胖者在穿著秤錘（重物）的狀態發揮體能。如此考量時，肥胖者的體能本質性沒有比非肥胖者低劣。亦即，如果肥胖者減少脂肪量就可以和非肥胖者發揮同樣的體能。這種說法也許就是鼓勵肥胖者減肥吧！然而，關於高度肥胖者不能斷定是否有如此傾向，這有待今後累積更多的精緻研究去研明。

第八節　體重控制（weight control）

　　體重增減是由攝取能量和消耗能量之差而決定。發育已成熟的成年人體重受發育期的飲食習慣等影響，一般常見的現象是食物攝取量超過消耗量，其結果造成肥胖。關於減輕體重，在豐衣足食的現代，

因為與健康有關而成為大家熱衷的話題，但是，對競技運動選手而言，體重控制是為了競技成績不可忽視的重要課題。

　　體重控制即是對體重的調整，雖然對體重控制是最根本的問題，可是容易被忘記的是為何目標而調整。調整體重的目的是為獲得適當的體重、或健康的體脂肪率以及健美的體型等問題，如此，每個人的價值觀不同以致決定的目標各異。所以沒有決定目標的體重控制確實很難正確地顯露出成果。本節歸納有關競技運動選手和肥胖者的增重和減重的基本實務和理論進行討論。

　　也有不少人使用飲食控制（diet）以達減重目的，但是原本飲食控制（diet）是一種飲食療法，如果只以減重的目的使用飲食控制（diet）是錯用的。最誤用的是使用為「運動飲食控制」的方法。

一、目標體重

　　關於體重，在本章第七節所述的標準體重（參照表11，55頁），常使用做為目標體重。也經常使用從患病率最低的BMI算出目標體重。這些都是以身高和體重之平衡為考量基礎。相對的，不管是身高和體重的大小，也有以健康的體脂肪率作為目標體重的方法。

　　例如以年齡20歲，身高166cm，體重65kg，體脂肪率25%的某男性為例，說明下列三種減重方法。

　　① 依照表11作為目標對照，身高為166cm其男性標準體重應為59.7kg，所以應減少體重5.3kg（65kg－59.7kg ＝ 5.3kg）為目標。

　　② 因患病率最低的BMI為22，因此目標體重為60.6kg（22×1.66^2 ＝ 60.6kg）。自原來體重（65kg）減去4.4kg（65kg－60.6 ＝ 4.4kg）為目標體重。

　　③ 一般健康男性的體脂肪率為10~15%。要擁有健壯的身體，最

好不要減少除脂肪體重，所以保有原來的除脂肪體重，計算出體脂肪率為15%的體重如下：

- 目前的脂肪量是16.3kg（65kg×25% = 16.25kg），除脂肪體重是48.7Kg（65kg−16.3kg = 48.7kg）。
- 健康男性的體脂肪率15%，體脂肪率為15%的體重為57.3kg（48.7÷0.85 = 57.3）。此體重的脂肪量是8.6kg（57.3−48.7 = 8.6）。
- 因以保留除脂肪體重為條件，故需將脂肪從16.3kg減到8.6kg共減少7.7kg的脂肪體重，如此即可達到其目標體重變為57.3kg。

除脂肪體重是身體的實質部分。即使是因肥胖而減重，但若除脂肪體重減少時身體機能就會下降。如果依照過多脂肪堆積即為肥胖的定義而言，宜以減少過多體脂肪為減重目的，則適用上例③的方法。而①和②是無視於身體組成的減重，其減重結果不只是脂肪量減少，除脂肪體重減少的可能性也很高。雖然減重成功，但是伴隨而來的是體能下降。另一方面，關於增重，除脂肪體重之增加比脂肪增加較適合於身體機能的提升。但是有體重分級制的競技運動選手，也有必要增加脂肪以增加體重。如此，即使說是體重控制，實質上隨其目標不同而體重控制內容各異。

二、競技運動選手的體重控制

人的體重可分成兩大類考量。一為以肌肉為主體的除脂肪體重，另一為含脂肪體重（參照本章第七節）。因為除脂肪體重的一半相當為肌肉量，所以認為除脂肪體重可作為肌肉量的代替指標，故競技運動選手的增重是以除脂肪體重的增加為第一考量，而減重則以脂肪減量為第一考量。

（一）增加體重

　　對競技運動選手而言，增加體重與競技運動項目的特性有關。一般而言，增重的目的在於增大運動能量的產生源，因此必須增加除脂肪體重量，也就是直接增加肌肉量。

　　肌肉是由蛋白質所組成，有很多競技運動選手認為，為增加肌肉量最好多攝取蛋白質的量，所以日常增加攝取蛋白質的競技運動選手很多。（財）日本體育協會推薦競技運動選手在訓練期間，要攝取一般人的2倍蛋白質，但是，那也未必是做為增加肌肉量為目的。關於競技運動選手為除脂肪體重增加，多攝取蛋白質的有效性，到目前依然意見分歧。也有研究指出不必攝取過多蛋白質。

　　接下來，統整有關「蛋白質攝取量的影響」研究文獻內容介紹如下：

- 受試對象：以往攝取多量蛋白質對競技運動選手的影響之研究結果，因體能程度、訓練狀況及攝取蛋白質程度等不同而異。因此，本研究以體能程度、訓練狀況以及日常生活情況等幾乎相同的大學田徑部男性投擲選手為受試者進行研究。

- 研究設計：最關鍵的攝取蛋白質量，依實驗前的營養攝取調查得知，受試者每天蛋白質攝取量為平均每公斤體重1.5g（1.5g/kg），故以此設定為一般的攝取群之每日蛋白質攝取量。參考（財）日本體育協會提供之資料，受試者每天蛋白質攝取量平均每公斤體重為2.0g（2.0g/kg）的設定為多量攝取群。

　　以設計好的食譜，實施62天的實驗，此期間，投擲選手每週訓練六天，平均每天2.5~3小時，六天中有三天以重量訓練為主，有三天是投擲技術訓練為主。然後比較一般的攝取群和多量攝取群兩群間的差異性

- 結果分析：營養分析結果如表13所示。兩組間的體重和身體組成沒有差異，但是實施62天以後，兩組也都未呈現顯著差

異變化。依據MRI的觀察，大腿部和腹部的橫斷面積也未呈現顯著差異變化。血液成分分析，兩組都有呈現顯著差異變化的項目，但任何一項都在正常範圍內的變化，且兩組都沒有呈現貧血症狀，而尿中的尿素氮氣量也沒有達顯著差異變化。此外，各種最大等長性肌力也未呈現顯著差異變化。

表13　攝取食譜前和攝取中的攝取營養素調查比較

		高蛋白質攝取群 (n = 9)		普通飲食攝取群 (n = 8)	
		攝取前	攝取中	攝取前	攝取中
能量	(kcaL)	3,496±433	3,824±268	3,373±282	3,441±301
蛋白質	(g)	126±21	175±10***	127±14	130±9
	(g/kg)	1.4±0.2	2.0±0.2***	1.4±0.2	1.5±0.2
脂肪	(g)	100±16	115±11*	92±13	76±11*
碳水化合物	(g)	523±71	522±36	509±63	559±58
鈣質	(mg)	591±198	1,543±102***	634±184	841±57**
鐵質	(mg)	14.8±1.61	15.8±1.4	16.4±2.9	12.6±1.6*
維他命A	(IU)	2,982±436	5,453±566***	4,659±545	4,376±1,349
維他命B_1	(mg)	1.70±0.33	4.34±0.16***	2.12±0.33	3.72±0.12***
維他命B_2	(mg)	202±0.38	3.48±0.20***	1.99±0.37	2.32±0.33
維他命C	(mg)	107±26	144±16**	93±35	107±11

值是平均值±1SD.
攝取前：攝取食譜之前的5天之間的1日的平均值。
攝取中：攝取食譜62天期間的1日的平均值。
攝取前和攝取中的比較（***：$P<0.001$.**：$P<0.01$.*：$P<0.05$）
（松岡等：比賽季中攝取較多蛋白質對身體組成和身體各機能的影響效果—以大學投擲選手為例—。體力科學 40：219，1991）

從以上結果分析得知，即使是必須發揮強大力量的競技運動項目的選手，如果在訓練期間攝取多量的蛋白質，其除脂肪體重也不會因

此增加，而且即使依（財）日本體育協會推薦之蛋白質攝取量2.0g/kg以下，也不會因此而有貧血狀況。由此可知關於競技運動選手攝取多量蛋白質的意義，有必要從新考慮。還有，依著者們的研究調查，了解到大學競技運動選手的日常性的攝取營養極爲不充足。因爲三餐沒有滿足攝取，所以對競技運動選手首要全盤性注意的是日常飲食生活。

有關攝取蛋白質增加肌肉量的問題，雖然尙未明確，然而，有明確造成有效增加肌肉量的方法。這就是重量訓練法。關於此方法的詳細說明陳述於第四章第三節。

可是，即使肌肉增量也有其界限。此界限是體重約100kg，體重增加到此程度時，一般認爲如果脂肪量不增加則肌肉量也增加不了。以體重分級制的競技運動選手而言，重量級選手常堆積過多脂肪係因增加肌肉量是有其上限而造成的。

（二）減輕體重

以與營養之關係考量減輕體重時，必須經過某程度的長時間過程爲前提。但是，體重分級制的運動項目的競技運動選手，用約一週的短期間進行數公斤的減重。如此短期間的減重方法，變成要以極端性的限制飲食和脫水爲主體。關於其弊害，美國運動醫學會，很早就正式指出如表14所示之見解，但是至今仍不容易放棄此方法。這麼短時間的減重法，不僅是沒有減少脂肪，卻因減少到除脂肪體重，而導致體能衰退，關於這一點我們應該銘記於心。

對於短期間的減重，以女子器械體操選手爲例，經過44日長期間的攝取特別設計的減重食譜的研究，圖46所示的是其減重食譜的營養分析結果。製作此食譜時注意的是選手的愛好食物，能量設定爲參考選手的運動強度所需之營養需要量的60%，蛋白質、無機鹽及維他命等需滿足應有營養的需要量。爲預防對飲食產生厭膩所以備有14種類的食譜。但是，因爲若依食譜則無機鹽和維他命容易不足，

故以營養錠劑作為補充。其減重結果如圖47所示。

　　以此方法，可以幾乎不減少除脂肪體重，得以顯著減少脂肪而減輕體重。而且，全身耐力和肌肉機能不衰退，血液成分也在正常範圍內。重要的是，對競技運動選手可以體能不下降地健康減重。所以，競技運動選手的減重不宜進行短期間的急速減重方法，而是仔細考慮攝取營養足夠飲食，最少花三週以上的減重方式比較適當。而且，食譜和調理最好有專家指導。

表14　飲食限制、脫水以及並用之弊害

1)肌力下降
2)運動持續時間下降
3)血漿量和血液量減少
4)最大運動時的心機能下降
・心跳率上升
・每次心輸出量下降
・每分鐘心輸出量下降
5)氧消耗量下降（尤其是進行飲食限制時）
6)體溫調節機能障害
7)腎血流量減少以及腎臟的濾過量減少
8)肝臟的肝醣枯竭
9)電解質排出增加

（American College of Sport Medicine：Weight loss in wrestlers. Med. Sci. Sports 8：XI,1976）

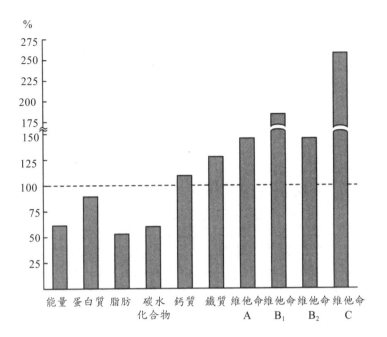

圖46 營養師製作的控制飲食食譜的攝取狀態

（北川和松岡：女子器械體操選手的減量食譜對身體組成和運動各機能的影響，體力科學 33：119，1984））

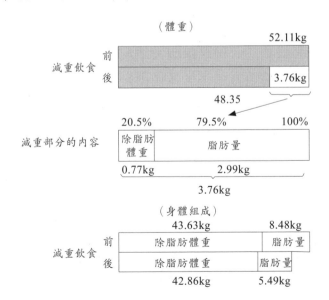

圖47 攝取被調整過的減重飲食的體重和身體組成的變化

（北川和松岡：女子器械體操選手的減量食譜對身體組成和運動各機能的影響，體力科學 33：119，1984）

三、肥胖者的體重控制

（一）限制攝取能量和增大消耗量

體重對所有運動而言，其本身是負荷同時也是能源的大小。關於這一點，以運動時間為考慮時，脂肪作為能量發生源的價值很小，只不過是鉛錘的作用而已。相對的，除脂肪體重是能量發生源。因此，保留除脂肪體重而減少脂肪量的減輕體重方法是最理想的。

關於減重的研究文獻很多，但基本性的考量方式是限制攝取能量或增大能量的消耗。然而，如果只有採用減少能量攝取，很可能脂肪減少的同時除脂肪體重也會減少。圖48所示的減重文獻可說是較古老的研究，是以女性25~42歲為研究對象，實施減輕體重結果。飲食控制群只有依賴每天額外減少500kcal熱量的飲食控制，而運動群是依賴跑步機的步行增大消耗能量，兩者併用群（飲食控制和運動組合）則以飲食控制少攝取250kcal再以運動多消耗250kcal，藉以每日減少500kcal熱量。實施期間為16週，其結果，三群都有減輕體重，但只有飲食控制群有減少除脂肪體重，這與其他兩群表現不同。

由以上可知，不減少除脂肪體重的健康性減輕體重，只要增加運動量是可能充分達到的。但已研明視情況使用兩者併用（飲食控制和運動組合）的減輕體重方法不失為是很好的方法。

（二）美國運動醫學會的減重指南

美國運動醫學會（American College of Sports Medicine；ACSM）是有關運動的世界指導性立場的學會之一。美國運動醫學會是由醫學和體育學（尤其是運動生理學）的專家們所創設的學會，隨時代的需求，以回答形式表明有關各種資料的公開見解。過去曾有三次關於減重的提案，其中第二次的1983年的公開見解（參照第四章第五節表25），則是長期間在體適能中心（fitness center）等現場，被視為聖經似的廣泛利用為減重計畫。其概括說明如下。

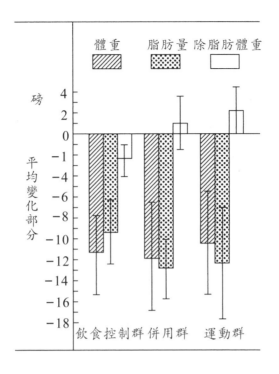

圖48 減重的飲食控制和運動效果

（Zuti & Golding：Comparing diet and exercise as weight reduction tools. Physician Sportsmed.4：49，976）

　　以肥胖者爲對象，美國運動醫學會推薦的運動計畫爲至少一週三次的頻率，最大心跳率60%的運動強度持續進行運動20~30分鐘。每次運動消耗能量約爲300kcal以上較理想，如果運動消耗能量改約爲200kcal，則一週運動頻率在四次以上較爲理想。還有，若把一次的運動量大增，以每週2次或1次的頻率進行時，雖然也有運動的統整操作效果，但是其效果很小。併用飲食療法時，攝取調整過的適切滿足營養需要量的飲食內容很重要，不可限制每天攝取熱量在1200kcal以下（需要量隨孩童、高齡者及競技運動選手等不同而異）。而最大減重的量一週爲1kg。

　　於2001年第三次提案，其摘要如表15所示。依此得知，美國社

會的肥胖問題不但沒有獲得良好的改善，以BMI而言，體重過重的肥胖成人比例甚至達到55~60%。此減重的指南是改訂1983年的，但是，其目標設置於即使是任何人都可容易達到的低水準，只要花費時間就可進行減重，認同使用藥物．而且對象限制爲成年人爲其特徵。當歸納統整這次提案時，因身體組成的研究測量辛苦費事以及佐證不足，所以採用簡單的BMI的研究成果推算肥胖的判定。以往的提案是把體脂肪率定爲判定肥胖不可缺少的指標，但是，由原來之身體組成爲基礎的判定轉換爲BMI應該是需要特別陳述的。由此狀況，可知美國的肥胖問題應該比想像中的更加嚴重吧！

如表15①⑥所示的指南，BMI在30以上是肥胖，25以上30未滿是有肥胖傾向。如果指向25以上或30未滿兩個傾向之任何一個時，則稱「肥胖者」。

關於運動對身體組成的效果有待於第四章第五節陳述。

表15　成人減重和防止再復發（rerbound）的適切性對應策略

①減重對象
從身體組成（體脂肪率）的資料，因健康關連的資料不足，所以男女兩性BMI都25以上者，而腹圍則男性爲102cm以上，女性爲88cm以上者。

②減重的目標
從目前的體重減去5~10%爲目標。以此程度的減重，如果實施改善飲食內容和採用每週運動等的普通減重計畫，是可以達成的。而且，對改善生活習慣病的危險因素有效，對減輕心臟病、胰島素非依存性糖尿病、高血壓病症及高脂血病症狀等也有效。以長期性的觀點而言，10%以上的減重較佳。

③體重的保持
即使不期望減輕體重，或不期待成爲理想體重，只爲長期保持相同體重，或是預防肥胖再發也應該努力去嘗試，在此所說的保持體重是與目前體重比較保持在2.3kg以內。

（續下頁）

④理想飲食

肥胖者從目前飲食減去500~1000kcal，同時將攝取脂肪抑制為全熱量攝取的三分之一以下。但是不贊成一天攝取量減少到800kcal以下。

⑤ 理想運動

運動量逐漸少量增加，一週進行150分鐘的中等強度運動。以長期間減重作為目標的人而言，應該更增加閒暇時間的運動（一週200~300分鐘，或一週2000kcal以上），抵抗阻力運動對肌肉機能有增強效果，但是仍不能證明比對減重的耐力性運動有更優良效果。

⑥攝取藥物和減重

如果理解肥胖是慢性疾病，則攝取藥物是有效的。為減重服用藥物時，其BMI在30以上，或有其他疾病而其BMI在27以上。而且，必須併用改善飲食和運動的生活習慣。

（American College of Sport Medicine：Appropriare Intervention Strate-gics for Weight Loss and Prevention of Weight Regain for Adults.Med.Sci Sports Exerc.33：2145,2001）

第三章　體能測量（體能測驗）

第一節　形態

　　最簡易表現身體形態的方法是使用身高或體重等的體格測量值。然而只以此表現身體形態是不夠充足的。從早期一直沿襲下來的簡易方法有羅列指數等的體型指數。且也使用眾所熟悉的與肥胖有關連的身高別體重，以及使用標準體重作為肥胖的判定標準。然而，與身體機能性體能之關連而言，被使用最多的是身體組成。近年來，也進行與骨有關的測量，但是尚未能作為一般性的體能測量。關於骨的測量法在本章割愛陳述，但將在歸納訓練效果的第四章第五節陳述對骨的影響。

　　依豬飼（1970年）的研究報告，體格是指身體形態的特性，係指由骨骼和肌肉形成身體全體性的架構，相當為英語的physique，具體性的是身高、體重、胸圍、座高、指極、上肢長以及下肢長等，是單一的測量。另一方面，體型最關心的問題是在體格全體之中各部分大小的均衡狀態。因此，可以將測量程度組合以指數表示。體型是身體的形狀，英語則相當於body type，常看到有些例子將體型指數誤用為體格指數，但是沒有以指數表示體格的方法。

一、身體組成

　　身體組成一般人常認定為全身的想法。其實具體性的應該是求出身體的脂肪量、除脂肪體重以及體脂肪率等。然而，由皮脂厚計（caliper）法、超音波法、CT（Computerized Tomomgraphy；CT）

法、以及磁振造影（MRI）法等，求出不是全身的而是局部的皮襞厚（後述）和皮下脂肪厚，或是求出肢體和軀幹的肌肉等的橫斷面積等，也當然是身體組成的研究（請參照圖49）。但是直接使用以皮脂厚計（caliper）法、或利用身體對電流抵抗值的生物電阻分析（Bioelectrical impedance Anatysis；BIA）法以及超音波法等所測的局部測量值於研究的並不多，倒是利用這些測量值間接的推算全身身體組成的間接法較多。在此，首先歸納以密度法爲首的所謂全身的直接測量法，和由皮脂厚計（caliper）法等以局部測量值推算全身的間接測量法。表16所歸納的也包含了省略說明測量方法的身體組成各種測量方法一覽表。

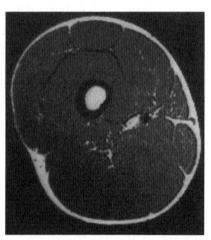

圖49　MRI法的大腿部橫斷面積
（男性田徑短跑選手）

（一）直接測量法－密度法（densitometry）和基本的測量方法

　　密度法是以人體持有一定的密度分成脂肪密度和除脂肪密度兩部分爲前提而成立的方法。身體密度是將體重除以體積算出來的，必須測量肺內的殘氣量等才能正確算出體積。成年人的脂肪密度是0.9g/mL，除脂肪體重的密度是1.1g/mL。兩種混雜者的身體密度大

表16　身體組成的測量方法

全身	局部
密度法	皮脂厚計（caliper）法
體水分量法	超音波法（Ultrasound）
鉀離子法	*身體電氣傳導法（Total Body Electrical Conductivity；TOBEC）
二重能量X線吸收法	*生物電阻分析法（Bioelectrical impedance Anatysis；BIA）
	近紅外線法
密度、水份、礦物質（mineral）並用法	電腦斷層攝影（Computerized Tomography；CT法）法
脂肪溶解氣體法	磁振造影法（MRI）法；核磁共振（MRI）法

*全身和局部難分的方法

約爲1.01~1.09g/mL。身體密度一般而言男性比女性大，競技運動選手比非運動競技選手大。從測量的原理可明白，身體密度越小體脂肪率越大，身體密度越大則體脂肪率越小。

　　表17和圖50是歸納有關由身體密度換算爲體脂肪率的公式，係世界性使用的成年人的Brožek等人的公式（1963年）和Siri的公式（1961年）。其除體脂肪體重的密度爲1.1g/mL。從體脂肪率換算公式觀察密度法，有幾點值得注意的。脂肪的密度不因種族、性別、年齡以及身體鍛鍊程度等不同而異，但是從除脂肪體重觀察就不一樣。因此，自身體密度換算爲體脂肪率之換算式的適用是有限制的。可以使用密度法測量的是沒有浮腫的健康正常者。以年齡而言，青春期前10歲左右者可適用Lohman等人的公式（1984年），而16歲以上女性和18歲以上男性則可以應用Brožek等人的公式和Siri的公式。高齡者因除脂肪體重的密度減少，所以必須注意密度法的適用性。

　　除密度法之外，以往也有設計幾個測量方法。因脂肪本身幾乎沒

有水分，而且身體全水分量中除脂肪體重所佔的比例大約是一定的，所以依據測量體水分量算出除脂肪體重和脂肪量的方法，稱之為身體水分量法。又在細胞內液中重要的陽性離子鉀（kalium）全存於肌細胞和肝細胞內，不存於脂肪組織，而細胞外液中僅有極少量的鉀離子量而已。因此，依據測量全身的鉀量以推算細胞內液量的方法，稱之為鉀離子法。而近年來持續發展的方法是二重能量X光線吸收法（dual energy X-ray absorptiometry；DEXA法）。

表17　身體密度的體脂肪率換算式和適用對象

體脂肪率換算式	對象
Siri 　　%fat＝(4.950/D−4.500)×100	成年
Brožek等人 　　%fat＝(4.570/D−4.142)×100	成年
Lohman等人 　　%fat＝(5.300/D−4.890)×100	青春期前的孩童
Forbes 　　%fat＝(5.750/D−5.389)×100	高齡者
Miyamoto等人 　　%fat＝(5.075/D−4.604)×100	成年女性

%fat：體脂肪率　　　　　　　　　　　　D：身體密度

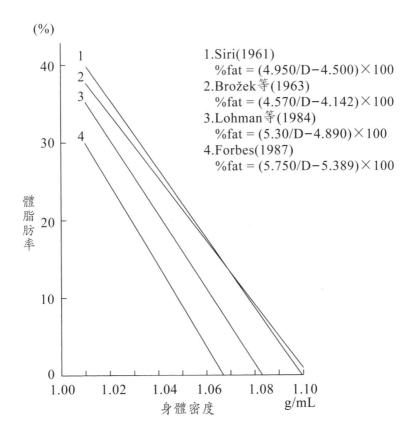

圖50　自身體密度（D）換算出體脂肪率（%fat）的公式比較

（二）間接法

　　近年來，廣泛普及地使用輕便簡易的體脂肪計作為測量儀器。而那樣的測量方法，幾乎全都是依據人體的各種測量值推算出身體密度的密度法，以及相當於上述測量方法之間接法。然而，關於這些方法的精密度，因為其原有測量方法的本身就存在某些問題，所以除充分認識其簡便法之外，最好彈性的理解其測量結果。

　　由局部測量，作為推算全身身體組成的方法，皮脂夾（caliper）是最早被使用的方法。捏起皮膚測量其厚度的儀器，是為皮脂夾（caliper）。依其測量所得值推算身體密度求出身體組成。皮脂夾在

日本稱之爲皮下脂肪厚計或皮脂厚計，是爲皮下脂肪組織厚度的測量而設計的儀器。但是皮脂夾（caliper）不可能測量皮下脂肪厚。皮脂夾（caliper）所測量的是如圖51所表示的C，英語稱爲skinfold thickness，是抓起包含皮下脂肪層的皮膚厚度。因此，測量的是被壓縮雙層的含有皮下脂肪的所有皮膚襞褶的厚度，以日語應稱之爲皮膚襞厚。作者特意這樣對皮脂夾（caliper）的指出，是因爲目前已有後述的，使用超音波的皮下脂肪厚計，或是依CT和MRI等裝置，即可以輕易測量如圖51所示的皮下脂肪厚（英語爲subcutaneous fat thickness：如圖中的A+B）。

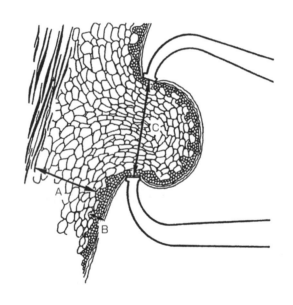

圖51　皮下組織模式圖

（北川：身體組成和體重控制，杏林書院，1991）

近年來，急速普及的是生物電阻分析法（Bioelectrical impedance Anatysis：BIA）。此方法是求出電流通過肢體時的身體的抵抗值，而後與其他測量值一起推算出身體密度的方法。身體水分幾乎全

都存於除脂肪體重部分，而不存於脂肪的部分。即除脂肪體重的通電性好，而脂肪極不容易通電。因此，如抵抗值越大，相對的其除脂肪體重就越小，脂肪量就越多。在日本一般採用這種測量儀器做爲脂肪量的測量非常普遍。市面上販售的測量儀器內編入推算式，可以立即演算出除脂肪體重、脂肪量以及體脂肪率等。使用生物電阻分析法（Bioelectrical impedance Anatysis；BIA），從測量原理得知，身體水分的分布與此測量的精密有很大關係，因此，測量時必須注意受測者的測量的姿勢和測量的時段。而以減少水分爲主體的的短期間的減重時，用生物電阻分析法（Bioelectrical impedance Anatysis；BIA）的測量，可以看到減重後其體脂肪率變大的現象。

　　所謂超音波方法是由置於體表面的發信器發出超音波，從來自組織境界的回音（echo），把體內狀況形成影像的觀察方法。超音波裝置已小型化，且可以簡單的測量皮下脂肪厚或肌肉厚度。皮脂夾（caliper）法則有由於施測者捏起皮膚動作和力量大小有個別差異而影響測量值的缺點。而小型攜帶用的超音波皮下脂肪厚計則無需捏起皮膚，所以測量值不會因施測者而有差異，合乎測量信度。目前市面上已有推出從測量值立即可以推算出身體組成機能的超音波裝置。

（三）測量值的比較

　　如上所述，身體組成的測量，如果測量方法不同，即使同一位受測者所獲得的測量值也會有某程度的差異。其中也包括上述的兩種間接法。因此，比較測量值時，需先確認其測量方法是否相同是很重要的。並且也必須注意密度法以及其間接法所使用的體脂肪率的換算程式。

二、肥胖度和體型指數

（一）肥胖度

　　以性別和年齡別設定的身高別標準體重（參照第二章第七節表11）相比較，並推算出體重是重或輕，稱爲肥胖度。雖然稱之爲肥胖度，但是因爲也有使用於瘦的判定，故應該稱之爲肥瘦度較適合。標準體重的推算程式如下所示。只是，因爲也有幾種公開發表的標準體重表，故依據使用標準體重表之不同其肥胖度判定也各異。

$$肥胖度(\%) = \frac{現有體重 - 標準體重}{標準體重} \times 100\%$$

（二）體型指數

　　體型指數是由身高、體重、胸圍以及座高等組合製作而成的。測量法輕便簡單的身高和體重的組合有比體重、卡厄普（Kaup Index）指數以及羅列指數（Rohrer's Index）等。卡厄普（Kaup Index）指數是於發育期不容易受身高影響的體型指數。而卡厄普（Kaup Index）指數後來改稱爲BMI指數（body mass index），使用爲肥胖評價的營養指數。又，羅列指數也稱爲身體充實指數，也曾使用於肥胖評價。

　　算出的原理如下所示，因爲是指數所以沒有單位。

比體重 ＝ 體重÷身高
卡厄普（Kaup Index）指數 ＝ 體重÷身高^2
羅列指數（Rohrer's Index）＝ 體重÷身高^3

　　BMI和卡厄普指數算出的原理相同，而其實用性如下所示：

BMI ＝ 體重（單位：kg）÷身高（單位：m）^{2}

第二節 機能——神經・肌肉

　　肌力是最被了解的體能測驗項目之一。然而，其大部分情況是等長性的肌力測驗。等長性肌力不能說是最適合競技運動選手的肌肉機能測量，關於競技運動選手一般要求的是活動中的肌肉機能測量。有關神經系統一般性的方法是觀察敏捷性的良好與否。但嚴格而言，不可能只有取出神經系統的機能觀察。儘管還有幾種生理學性方法，但是，目前尚未普及採用做爲體能測驗。

一、肌力

　　一般性的體能測驗是肢體和軀幹等的肌力測量。然而，具體地要測驗哪一個部位，隨測量的目的不同而異。而且，近年來等速性肌力測量裝置正逐漸擴大，不再停留於以往只使用肌力計的測量。

（一）等長性肌力

　　過去幾十年間的肌力測驗，是等長性收縮的肌力。等長性收縮是不改變肌肉長度，也就是關節角度不改變的收縮。一直作爲一般性測驗的是握力和背肌力。但是，日本文部科學省爲考慮對腰部的負擔，所以在新體能測驗（2000年）中，背肌力測驗被取消。通常實施的體能測驗大多使用彈簧式的肌力計進行一般體能測驗。因彈簧有伸展效果，受測者在測量中往往持續發揮必要以上的力量。因此，設計了彈簧伸展時不受金屬歪斜計測影響，以數位（digital）表示的重量感應器（load cell）式的所謂電子肌力計。雖然電子肌力計的價位遠超過彈簧式的肌力計價位，但有關等長性收縮其本來收縮的方式而言，電子肌力計較適合，而且可將歪斜的出力輸入記錄器，可以與肌電圖等的其他測量同時記錄，故有高度的便利性。

　　主要爲競技運動選手所進行的肘關節的屈伸力（手臂力）和膝關節的屈伸力（腿力）等的測驗，必須有特別的測量裝置。在日本肘和膝一般都是以直角進行測量的。

　　等長性收縮測驗，如第二章第三節的圖15所示，其肌力隨關節角度而變動。因爲姿勢是肌力測量極重要的因素，所以肌力測驗時，不要忘記考慮測量時的姿勢。

（二）等速性肌力

　　原本設計作爲復健和訓練等的等速性肌力測量裝置，因爲是依電腦（computer）控制旋轉軸的速度，即使受測者發揮何等大的力量，槓桿（lever）作用的速度是不會改變的。而且，因爲弱力也可使槓桿動，故體能低劣者也可以安全發揮力量。還有，槓桿在動時，因爲隨時都可以發揮最大力量（即使是相同的動作，等張性肌力的發揮，因爲關節角度的變化，可以發揮的肌力不是每次都是最大），也是作爲肌力訓練的優良裝置。如表18所示，是有關各種競技運動選手以角速度60度/秒測量的膝屈伸運動時的等速肌力。雖然稱爲肌力但測量的不是力量而是旋轉力矩。

表18　競技運動項目別的等速性腿肌力比較

男性競技運動選手的腿肌力（平均值±標準差）

運動項目		n	膝伸展 （Nm）	膝屈曲 （Nm）	單位體重 的膝伸展 （Nm/kg）	單位體重 的膝屈曲 （Nm/kg）	屈曲/ 伸展 （%）
棒球	職業	71	253±36	167±29	3.11±0.40	2.05±0.31	65.9
	企業團	66	248±33	157±24	3.30±0.42	2.08±0.27	63.1
	高中	9	207±27	121±14	3.03±0.17	1.80±0.14	58.5
足球	職業	23	242±39	152±19	3.51±0.53	2.20±0.29	62.7
	大學	22	225±44	105±26	3.42±0.51	1.59±0.36	46.7
手球	日本代表	30	254±37	164±21	3.18±0.40	2.05±0.25	64.4
排球	企業團	30	247±30	159±21	3.29±0.34	2.10±0.26	64.1
	大學	30	229±33	133±18	3.49±0.32	2.03±0.18	58.0
曲棍球	企業團	31	202±25	132±17	3.14±0.36	2.04±0.23	65.0
橄欖球	企業團‧大學	7	271±30	163±26	3.27±0.39	1.95±0.26	60.1
	高中	19	210±31	128±17	3.16±0.47	1.93±0.27	61.1
籃球	高中	19	215±31	137±21	2.90±0.30	1.85±0.21	63.7
田徑	短距離（少年）	35	223±28	148±20	3.30±0.37	2.19±0.23	66.4
	跳躍（少年）	18	231±24	158±16	3.40±0.30	2.34±0.26	68.5

（續下頁）

		n	膝伸展 (Nm)	膝屈曲 (Nm)	單位體重 的膝伸展 (Nm/kg)	單位體重 的膝屈曲 (Nm/kg)	屈曲/ 伸展 (%)
划船	長距離（高年級）Senior	31	178±22	112±18	3.08±0.29	1.93±0.25	62.7
	企業團	7	250±20	152±17	3.41±0.30	2.07±0.22	60.7
	高中	6	233±39	146±20	3.11±0.46	1.95±0.24	62.6
滑雪	高山滑雪（Alpen） （日本代表）	14	262±22	158±12	3.58±0.30	2.16±0.10	60.3
	越野滑雪（Cross country race） （日本代表）	9	184±17	112±12	2.88±0.24	1.71±0.27	61.0
游泳競技	競泳	6	216±29	117±18	3.11±0.42	1.68±0.21	54.1
自行車	S級	17	225±25	141±20	2.99±0.29	1.87±0.20	62.6

女性競技選手的腿肌力（平均值±標準差）

		膝伸展 (Nm)	膝屈曲 (Nm)	單位體重 的膝伸展 (Nm/kg)	單位體重 的膝屈曲 (Nm/kg)	屈曲/ 伸展 (%)
足球	社團	151±28	89±13	2.60±0.38	1.54±0.21	58.9
手球	日本代表（含少年代表）	172±25	101±18	2.74±0.64	1.61±0.24	59.0
排球	大學	149±16	77±12	2.68±0.31	1.39±0.21	51.8
籃球	企業集團及大學	175±26	103±16	2.83±0.34	1.66±0.19	58.6
田徑	短距離（少年代表）	169±22	106±12	3.03±0.39	1.90±0.18	62.8
	跳躍（少年代表）	184±18	110±8	3.27±0.20	1.95±0.10	59.7
	長距離（Senior）高年級學生	129±23	79±15	2.71±0.35	1.66±0.25	61.2
划船	企業集團	165±28	95±16	2.44±0.36	1.40±0.16	57.7
	高中	158±22	91±12	2.54±0.28	1.46±0.13	57.8
滑雪	高山滑雪（Alpen）（日本代表）	190±18	105±14	3.18±0.28	1.74±0.08	55.3
游泳競技	自由型短距離	151±18	87±8	2.77±0.31	1.91±1.03	57.2
	自由型長距離	126±15	72±11	2.41±0.19	1.39±0.15	57.5
滑冰	短距離	188±13	97±14	3.19±0.29	1.65±0.27	51.8
	長距離	158±18	85±8	2.67±0.35	1.44±0.15	53.9

注：n 欄依序為 20、88、13、39、12、7、82、17、13、5、11、5、5、5。

（運動醫、科學研究所：有關一流運動選手競技力向上的總合性體能診斷系統的開發以及其項目別實用之研究（第4報），1995）

二、肌耐力

耐力分全身性耐力和局部性耐力等兩種。局部性耐力稱之爲肌耐力。肌耐力又分靜態肌耐力和動態肌耐力。前者是測量保持一定重物的持續時間，或觀察肌力衰退過程以判定其體能的良好與否。後者是測量反覆上舉某負荷次數以之爲體能指標。以啞鈴爲例，持續持有時間，亦即測量其保持時間，稱之爲靜態肌耐力測量。而測量疲勞困憊爲止的上舉次數，稱之爲動態肌耐力測量。豬飼等（1965年），以6~17歲前的男女進行肘屈曲運動的動態肌耐力測量，依結果報告指出，以手臂屈肌力1/3的重量負荷時，沒有年齡和性別差異，平均次數約爲60次。

三、動力（power）

本來動力（power）的概念是廣泛的。但是在體能的領域，多以無氧性動力做爲動力（power）考量。因此，動力的測量採用短時間高強度的運動。

垂直跳普遍的做爲體能的動力測驗項目。其方法爲沒有助跑從直立姿勢使用反動跳躍動作，揮起手臂的同時下肢伸展，以手指尖觸及點的高度作爲成績。近年來，因爲考慮到手指觸及牆壁的困難性，所以研發出一種腰部裝配附有帶子或細繩，再以因跳躍被拉出的帶子或細繩的長度求出跳躍高度的測量器。

腿伸展動力是使用一種特殊性的測量裝置測量。在裝置的儀器上採取長坐姿勢，用足底抵住以等速作用的移動板使用全力將其踢蹬推出，從移動板的速度和腿伸展力之相乘積算出動力。這種測量法不必擁有垂直跳的技術，就可以測量限定動作的動力。

由垂直方向的移動速度做爲速度，以體重做爲力，可以求出力和速度相乘積的登階跑的動力。利用共有12個台階的階梯，沒有助

跑，從階梯下開始，每隔一台階一步地全力往上跑，測量通過第4步和第6步的時間，從其間的樓梯高度求出垂直方向的速度。此測量法裝置的花費比較少，而且以全身運動測量動力爲其特徵。但是，樓梯形狀和跑登樓梯技術的優劣可能影響其成績。

POWERMAX-V（商品名）是一種腳踏車型的測量裝置。以全力踩踏板求出動力。動力如第二章第二節圖19所示，由力量和速度之關係，描繪出上面凸出的曲線。因此，求出最大動力至少需3種類的運動強度。POWERMAX-V是以弱、中、強等3種運動強度，每一種運動強度分別連續測量10秒鐘，每一種運動強度測量之間隔休息3分鐘。再從各種運動強度測量所獲得的動力，演算出全部動力曲線，從此曲線求出最大動力。也有以相當於體重7.5%的負荷，盡全力踩踏板40秒鐘，求出其平均動力的方法。也有以競技運動選手爲對象的，在運動終了後進行數次的採血，再求其血中乳酸最大濃度值的測驗。此方法很普遍被使用。

四、敏捷性

敏捷性測量的著眼點在於判斷神經系統的良好與否。其根本是「時間」的概念。如所謂的從刺激到反應的時間。但是現實情況，也必須測量肌肉機能。因此，敏捷性的測量就視爲神經和肌肉的協調性運動。反覆側滑步廣泛普及用於全身性的敏捷性測驗。此測驗設計是以20秒鐘的時間，在已決定好的寬度範圍內，進行反覆側滑步次數的測驗。此運動與後述的單發性運動比較時，有測量敏捷性能力的耐性之獨特面。

棒反應時間測量是局部性的單發性動作的敏捷性測量法。是眼和手的協調性運動測驗。抓住隨著信號落下的棒，測量其落下棒的距離。同樣的，測量從光和音的刺激到手反應的時間是爲反應時間的測量法。這種測量，可以變換刺激的種類，如果是以光爲刺激源則變換

其顏色，則可作爲有別於單純反應，需要作複雜判斷的反應測驗。

　　觀察全身性的敏捷性，如第二章第一節所陳述的跳躍反應運動。又稱之爲全身反應時間測量，尤其由併用肌電圖，即可具有從神經系統和肌肉系統兩因素明顯了解敏捷性的特徵。

第三節　機能—全身性耐力

　　全身性耐力運動是以下肢爲主的大肌肉群耐性運動。以氧運輸系統良好與否爲其背景。因此，又稱之爲有氧性運動。其代表性的運動有持續進行數分鐘以上的步行、跑步、游泳或是休閒性的運動等。全身性耐力是進行全身性耐力運動的能力，對其測量和評價最重要的是要求運動強度。不同運動強度大致分爲，以能量消耗最少水準的方法，非最大水準的方法以及最大水準的方法等三種基準方法。

　　攝氧量是全身耐力評價最根本的方法，但是，對競技運動選手的全身性耐力評價，以及製作訓練計劃時不可缺少的是血中乳酸。

一、基礎及安靜代謝的強度基準

　　以單位體重或單位體表面積觀察時，基礎代謝量和安靜代謝量的個別差異性很小。換言之，這些與體能無關，是受身體大小比例的影響。

（一）RMR（relative metabolic rate；能量代謝率）
　　原本是日本爲求勞動作業強度而設計的，經由營養學領域長時間的使用，但是國外幾乎不用。由以下程式算出，其中代謝量指的是能量消耗量之意。

$$RMR = \frac{運動代謝量 - 安靜代謝量}{基礎代謝量}$$

由上式可知，RMR是指運動時的實質代謝量為基礎代謝率（basal metabolic rate；BMR）的幾倍之意（參照圖52）。然而，在英語圈將RMR解釋為resting metabolic rate，有安靜代謝之意。必須注意不要混淆使用。

（二）METS（metabolic equivalent；等代謝量）

METS取代RMR，被廣泛的使用。由以下程式算出：

$$METS = \frac{運動代謝量}{安靜代謝量}$$

METS表示運動時的代謝量是安靜時的幾倍（參照圖52）。而METS的S是複數之意。1則表示安靜時的代謝量是1MET。由此式得知，METS不但算出較為簡便，也比RMR容易理解，因而在世界上廣為應用。

1MET相當於每分鐘每公斤體重的攝氧量（$\dot{V}O_2$）。相當為3.5mL/kg/min。這樣可以將METS簡單換算成熱量（calorie）是很大的優點。如表19所示，是美國運動醫學會所歸納的各種身體活動的METS一覽表。從體重和運動時間可以推算該運動消耗的全部能量。依這一覽表，越需要技術的競技運動項目其METS的幅度越大，而高精密度的推算變為困難。

（三）RMR和METS的比較

如圖52所示，以慢跑為例進行RMR和METS的比較。設想將慢跑中的攝氧量為1.5L/分、安靜代謝量為0.25L/分以及基礎代謝量為0.2L/分，將這些數值代入上記的程式中，則慢跑中的RMR為6.25，

而METS為6。雖然兩者所得值很接近,但兩者概念不同其便利性也不同。

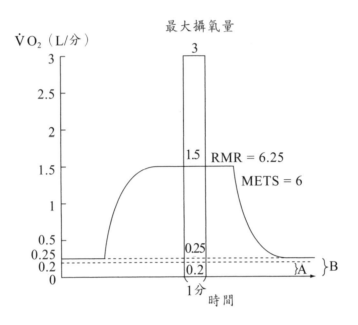

圖52 運動中強度的求法

A:基礎代謝量 B:安靜時代謝量

(四)運動中的能量消耗量

　　如表19所示的METS數值一覽表,從目前觀之,當時算出用的測量裝置與方法尚存有不夠完善的一些問題。其後,使用小型的測量裝置測量運動中的攝氧量,變成可以直接且連續性的測量。如表20所示,是根據目前的測量裝置所得的各種運動能量消耗量一覽表,如果想求得運動能量消耗量,使用表20比較簡單。

　　還有,雖然求取能量消耗時使用表20比較簡便,但畢竟是使用他人的測量值,故可稱之為間接法。因此,不能說為測量能量消耗量,而應該說為推算能量消耗量才是正確的表現方法。

表19　休閒活動的METS值：競技運動（sports）、運動項目、比賽、舞蹈

項目	平均	範圍	項目	平均	範圍
射箭（archery）	3.9	3~4	獵（弓或槍）		3~7
背行李負荷	5.8	5~11	小的獵獲物（步行，搬運輕的行李）		
羽毛球		4~9+	大的獵獲物（拖著殺死的動物，走）		3~14
籃球　比賽	8.3	7~12+	柔道	13.5	
練習		3~9	登山		5~10+
撞球（Billiards）	2.5		音樂演奏		2~3
保齡球		2~4	樂球（paddle ball）	9	8~12
拳擊　比賽	13.3		球拍球（racket ball）		
陪練（sparring）	8.3	3~8	跳繩	11	
獨木舟（Canoe）、划船（Boating）、划皮艇（Kayaking）		3~8+	每分鐘60~80次	9	
調整（Conditioning）運動		5~10+	每分鐘120~140次		11~12
登山丘	7.2		跑步（running）		
板球（Cricket）	5.2	4.6~7.4	1mile 12分	8.7	
			1mile 11分	9.4	
			1mile 10分	10.2	
			1mile 9分	11.2	

（續下頁）

項目	平均	範圍	項目	平均	範圍
槌球（Croquet）	3.5		1mile 8分	12.5	
自行車（Cycling）			1mile 7分	14.1	
輕鬆愉快的速度		3~8+	1mile 6分	16.3	
每小時10英里的速度	7.0		遊艇（yacht）		2~5
舞蹈（社交舞、方塊舞square，踢踏舞）		3.7~7.4	潛水（Scuba Diving）		5~10
舞蹈（有氧性的）		6~9	衝浪板（shuffleboard）		2~3
擊劍（Fencing）		6~9+	滑冰（skate）〔滑冰（ice skate）或滑輪（roller skate）〕		5~8
運動場（field）曲棍球	8.0		滑雪（雪上）		
釣魚			滑降		5~8
海堤防釣魚	3.7	2~4	距離滑雪（越野賽跑 cross-country）		6~12+
溪水釣魚		5~6			
觸身式足球（touch football）	7.9	6~10	水上滑雪		5~7
高爾夫夫			滑雪橇，平底雪橇		4~8
使用搬運車時		2~3	雪上步行	9.9	7~14
步行（搬運皮箱或拖拉皮箱）	5.1	4~7	壁球（squash）		8~12+

（續下頁）

項目	平均	範圍	項目	平均	範圍
手球（投擲壁球比賽）		8~12+	足球		5~12+
徒步旅行（Hiking）、越野賽跑（cross-country）		3~7	登梯		4~8
			游泳		4~8+
騎馬（Horse Riding）			桌球	4.1	3~5
馳騁（Gallop）	8.2		網球	6.5	4~9+
小跑（Trot）	6.6		排球		3~6
步行	2.4				
投擲蹄鐵		2~3			

（American College of Sports Medicine：(Guideline for graded exercise testing and exercise prescription,Lea & Febiger,1980)

表20 各運動項目的能量消耗量（平均值±標準差）

運動項目	性別	能量消耗量		內容	n	運動時間（分）
		(Kcal·kg⁻¹·min⁻¹)	kcal			
羽球（競技者）	女	0.126±0.029	54.0±5.8	單打一局	6	8.5±1.9
羽球（競技者）	男	0.126±0.025	298.3±35.8	單打一局	10	16.5±4.5
羽球	男	0.130±0.018	113.1±36.7	單打一局	13	12.8±4.0
籃球（競技者）	男	0.110±0.017	504.2±101.6	20分 半場×2	10	49.3±4.6
保齡球	男	0.055±0.009	132.8±26.1	三局	13	35.0±3.1
高爾夫	女	0.056±0.001	357.9±38.6	9個洞	5	110.2±7.5
高爾夫	男	0.064±0.009	512.7±53.1	9個洞	5	112.0±11.2
投擲蹄鐵	女	0.060±0.007	32.2±6.1	一局（40投）	10	9.6±1.4
足球（競技者）	男	0.173±0.022	1,153.7±212.6	45分 半場×2	4	90.0±0.0
軟網（競技者）	男	0.130±0.029	87.7±47.7	一局	14	10.2±4.2
桌球	男	0.089±0.019	68.2±13.7	單打二局	13	11.2±1.1
網球（競技者）	男	0.112±0.022	163.8±55.8	雙打一局	10	23.0±4.8
網球	男	0.096±0.014	195.9±75.8	雙打一局	13	28.5±7.8
排球（競技者）	女	0.126±0.020	205.3±52.9	一局	9	25.6±4.9
排球（競技者）	男	0.102±0.018	207.8±61.8	一局	8	29.0±7.1
徒手體操	男	0.063±0.009	30.4±4.9	第一～第三連續	13	7.0±0.0
循環重量訓練	男	0.091±0.005	108.5±10.3	10項目10次2局(set)	13	18.0±0.0

（高見：運動活動時的能量消耗量的測量。體育科學 48：393，1998）

二、非最大水準的強度基準

（一）登階測驗（step test）

　　1943年美國首先開發設計登階測驗。測出上下踏台運動後的心跳率，再由心跳率求出判定指數的方法。日本設計比原研發踏台低且運動時間也較短的登階測驗，做為文部省（現在文部科學省）實施的運動測驗。但是，此方法和後述的最大攝氧量之關聯性低，且在運動現場（field）計測心跳數有問題而被視為其妥當性有疑問。所以日本文部科學省的新體能測驗（2000年）廢止了此測驗。

（二）PWC170

　　PWC170約與登階測驗同時代被開發設計出來。PWC170是指心跳率在170次/分的身體作業能力（physical working capacity：PWC）之意。所謂心跳率170次/分被認為是青年人可以持續全身性運動的最高運動強度。是使用腳踏車測功計（Bicycle Ergometer）漸增三種的強度，各種強度進行4分鐘，共計12分鐘的連續負荷運動，求出心跳率達170次/分時的負荷強度的方法。此方法之問題點在於未考慮最大心跳率會隨年齡增加而下降的生理因素。如果是青年人的話，因其最大心跳率約為190~200次/分，所以心跳率170次/分時青年人可以持續全身性的運動，是為有氧性運動之意。然而，年齡增加到50~60歲時，因其最大心跳率下降到約170次/分，變成PWC170是疲勞困憊時的運動強度，則其強度指標是有違其原來設計此測驗的目的。

（三）PWC75%HRmax

　　這是為改善PWC170的缺點而設計的。求出依據各年齡層之推測最大心跳率的75%心跳率的運動強度，作為評價全身性耐力的方法。這是因將小型電腦組裝在腳踏車測功計上才成功的方法。為使測量對象更為廣範，運動強度的設定低於PWC170，各負荷時間也縮短為3

分鐘。由此評價值雖然可以推測後述的最大攝氧量,但是,在小型電腦組裝內被編入的推測式也有問題,所以求取競技運動選手的最大攝氧量,最好不要依賴這種間接法。

三、最大水準的強度基準

(一)最大攝氧量(maximal oxygen intake;$\dot{V}O_2max$)

1.意義和測量

　　測量全身性耐力的方法而言,全球性最被信賴且成為其他測量法的基準的是最大攝氧量。如圖53所示,雖然攝氧量隨運動強度增加而增加,但是增加有其上限值,即使運動強度提升,攝氧量也不會再增加。此攝氧量的上限值,稱為最大攝氧量。最大攝氧量被認為是表示有氧性能量供給系統的最大能力。一般使用跑步機(Treadmill)或腳踏車測功計(Bicycle Ergometer)進行數分鐘到數十分鐘致疲勞困憊的運動測量。而此測量方法,因以高強度讓受測者進行到疲勞困憊為止,所以必須充分注意其安全性管理。

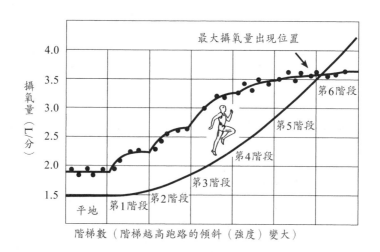

圖53　最大攝氧量的出現和測量方法

(McArdle等,田口等監譯:運動生理學,杏林書院,1992)

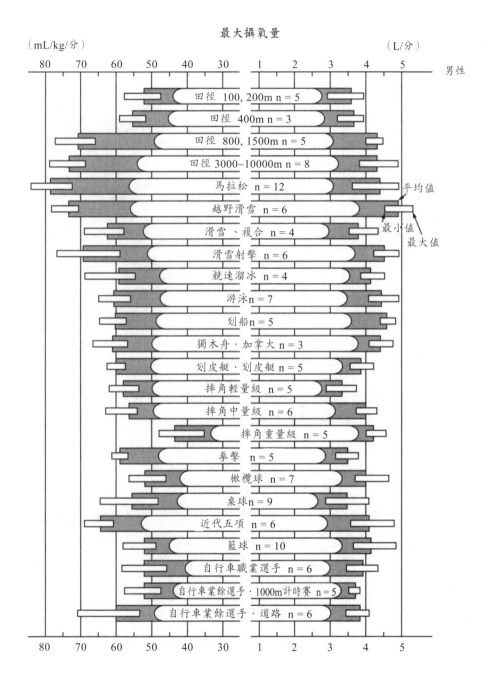

最大攝氧量

（mL/kg/分） （L/分）

男性

田徑 100, 200m n＝5
田徑 400m n＝3
田徑 800, 1500m n＝5
田徑 3000～10000m n＝8
馬拉松 n＝12
越野滑雪 n＝6
滑雪、複合 n＝4
滑雪射擊 n＝6
競速溜冰 n＝4
游泳n＝7
划船n＝5
獨木舟・加拿大 n＝3
划皮艇・划皮艇 n＝5
摔角輕量級 n＝5
摔角中量級 n＝6
摔角重量級 n＝5
拳擊 n＝5
橄欖球 n＝7
桌球n＝9
近代五項 n＝6
籃球 n＝10
自行車職業選手 n＝6
自行車業餘選手・1000m計時賽 n＝5
自行車業餘選手・道路 n＝6

平均值
最小值
最大值

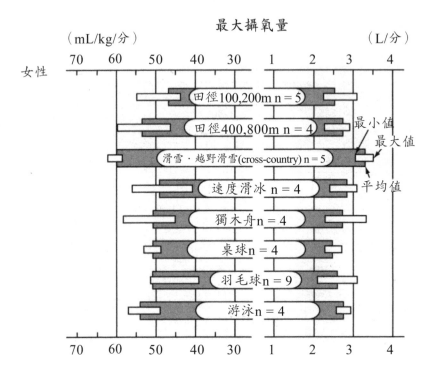

圖54 日本人一流競技選手的最大攝氧量

（日本體育協會運動科學委員會：昭和52年度日本體育學會運動科學報告，1978）

2. 測量值的解釋

用以測量的運動方式與測量所得的最大攝氧量值有關。最大攝氧量是反映著耗氧部位的肌肉量。因此，測量時依參與運動的肌肉多寡而其最大攝氧量值也不同。一般而言都以跑步機跑進行測量，如果將使用跑步機的測量值定為100時，則用腳踏車測功計測量值約為90。然而，依競技運動選手之不同而其關係各異，若使用平常很習慣的競技運動動作的負荷裝置測量時，其測量值有變大的傾向。例如游泳選手在回流水槽（watermill）以及腳踏車選手在腳踏車測功計（改良為競技用的，且旋轉數也提高）的測量值，比使用其他裝置測量的要

大。另一方面，肥胖者和下肢弱者，較適合使用可以支撐體重的腳踏車測功計。

　　最大攝氧量是以每分鐘攝氧量（L/分）和每分鐘每公斤體重的攝氧量（mL/kg/分）等兩種方式表示。前者是對身體大小，尤其是肌肉量的多寡具有很大意義。後者則是除去身體大小的指標，適合用於表示如在運動場跑5000m的時間之類的計時成績。一般性的使用後者做為有關全身性耐力之評價。

　　圖54表示日本一流競技運動選手的最大攝氧量，而一般青年男性為平均3L/分，單位體重值平均為50mL/kg/分，女性則平均值為2L/分，單位體重值平均為40mL/kg/分。依文獻研究報告指出，全世界的競技運動選手之個人最高值男性是7.77L/分，或94mL/kg/分。女性是4.72L/分，或80mL/kg/分。

（二）最大攝氧量的強度基準

1. 攝氧水準（%$\dot{V}O_2$max）

　　將最大攝氧量為100%時，某運動中的攝氧量的比例，稱之為攝氧水準（%$\dot{V}O_2$max）。此強度指標是比較體能不同者的生理學性反應，以及設立普遍性的運動訓練強度方面極為重要。例如70%$\dot{V}O_2$max的強度而言，即使體能有個別差異，但每個人的生理性的負擔度都是70%。因此，攝氧水準是考慮到包含體能、性別以及年齡等差異的普遍性強度指標，也是製作訓練計劃的必要指標。然而，此測量必須花費不少的勞力和經費，而且不能換算成能量的消耗量為其缺點。如圖52因將其最大攝氧量設計為3L/分，故慢跑的攝氧水準就成為50%$\dot{V}O_2$max。

2. 心跳率（heart rate：HR）

　　心跳率與攝氧水準比較，其測量方法比較簡單。它表示每分鐘心臟搏動的次數。近年來，廣範的使用為運動強度指標，而其背景是

攝氧水準的簡便法。如圖55所示,是各年齡層的心跳率和攝氧水準的關係式。如此,心跳率不只反映攝氧量水準方面極佳,且此關係式因不必要考慮加入性別和體能水準,是極為方便的強度指標。然而,如圖中所示,因為最大心跳率(HRmax)是隨年齡增加而下降,所以有必要使用按照年齡的關係式。而且,即使是相同攝氧水準,在水中運動的心跳率比陸地上運動的心跳率平均約減少10次/分。所以使用圖55的關係式,依據心跳率推測游泳中的運動強度時必須多加注意。關於圖55的注意事項有二,一為心跳率在100次/分以下時,變成推算運動強度的精確度不充分。另一為如此的關係式在穩定狀態下是有效的。所以適合用於進行一定速度的走路或慢跑,但是如足球或排球等競技運動在運動中頻繁變化運動強度,以此法推算時其精確度是有問題的。

還有,使用心跳率作為運動強度指標方面,有從最大心跳率減去安靜時的心跳率,求出所謂保留心跳率(heart rate reserve;HRR)的強度指標。其關係式如下:

HRR = HRmax − RHR。在日本很少使用,但是歐美各國經常使用。

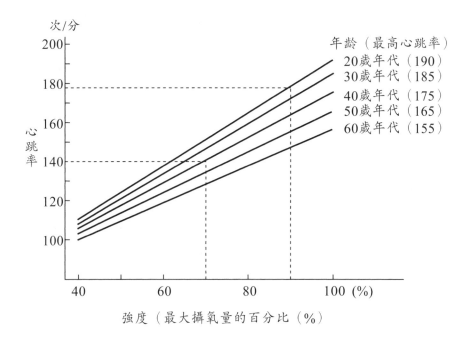

次/分

年齡（最高心跳率）
20歲年代（190）
30歲年代（185）
40歲年代（175）
50歲年代（165）
60歲年代（155）

心
跳
率

200

180

160

140

120

100

40　　　　60　　　　80　　　　100 (%)

強度（最大攝氧量的百分比（%）

圖55　年齡別運動強度和心跳率之關係

（體育科學中心編：培養健康運動卡，講談社，1976）

3. 自覺運動強度（rating of perceived exertion：RPE）

　　上述的攝氧水準和心跳率等，都是生理學性的運動強度。而將全身性耐力運動中感覺到的精神性的負擔程度，以主觀性的數值做為表現的方法是為自覺運動強度。在日本經過檢討以自覺運動強度的用語評價為如表21所示，確定自覺運動強度用語的表示方法是適當的。雖然對表中所規劃6~20的運動強度量表，有些許疑惑，但是，將這些數值變成10倍時，就相當於青年人的心跳率。而且，經確認此心理學性的自覺運動強度（RPE）和生理學性運動強度的攝氧水準，有明確的顯著高相關存在。

表21　RPE自覺運動強度量表

（RPE是日語表示法，Borg是英語表示法）

	英語	日語
20		
19	very very hard	非常吃力
18		
17	very hard	很吃力
16		
15	hard	吃力
14		
13	somewhat hard	稍微吃力
12		
11	fairly light	輕鬆
10		
9	very light	很輕鬆
8		
7	very very light	非常輕鬆
6		

（小野寺和宮下：全身性耐力運動主觀性強度和客觀性強度的對應性，體育學研究，21：191，1976）

（三）血中乳酸開始急速增加的運動強度（Onset of Blood Lactate Accumulation：OBLA）

　　OBLA頻繁使用於競技運動選手全身性耐力的評價指標。OBLA是血中乳酸開始急速增加約達4mmol/L時的運動強度，如圖56所示是血中乳酸和運動強度的關係。如文字OBLA所示是血中乳酸開始蓄積的強度。超過OBLA強度時，無氧性能量系統的參與顯著增加。由馬拉松選手大多都在OBLA運動強度下持續保持穩定狀態跑，就可了解到OBLA可以說是可以持續有氧運動的最高強度。

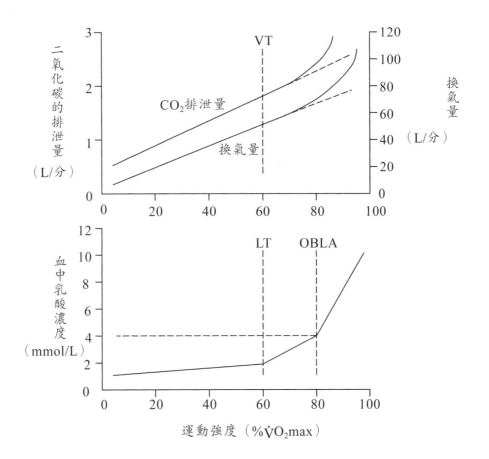

圖56　漸增運動負荷測驗時呼氣氣體以及血中乳酸濃度的變化

VT（ventilation threshold）：換氣性作業閾值
LT（lactate threshold）：乳酸性作業閾值
　　　　　　　（勝田編著：入門運動生理學，杏林書院，1997）

第四章　訓練和效果

第一節　訓練

　　訓練是人類以更上一層樓為目標，給予自我的負荷。被認為其背景有極高度的精神作用。卻未曾聽說過狗或貓等動物為了可以讓自己跑得更快或跳得更高而自我訓練的。即使人為的調教可以更發揮其能力，但是，不可能是狗或貓因理解自我能力的提升為目標而接受訓練的。

　　訓練是讓人體組織、器官的形態以及機能等產生變化之後才能說產生效果。人類由對各種不同的自然環境之適應，形態和機能也會隨之產生變化，然而訓練是對人為設定之新環境的適應。因此，只過著日常方式生活是無法達到訓練目的，同時也需要要求身心都須持續承受辛勞的狀態。對訓練而言，強烈的意志力以及周圍的鼓勵和指導是不可欠缺的。

一、發育和老化的訓練效果

　　人的形態和機能都隨著發育而成長發達，男性在約20歲，女性則約15歲達成長發育巔峰，約從30歲呈現衰退傾向。雖然有發育和老化的傾向，但若進行適切的訓練，則可修正一般性傾向。圖57所示，是代表全身性耐力指標的最大攝氧量的訓練效果。男女都是從12歲就開始訓練的人，其最大攝氧量顯示比該年代的平均值高。但是，如果訓練停止則又會回到該年代的平均值。另一方面，經由長期長距離跑訓練者，其最大攝氧量比同年代的平均值高很多。如此，可

知若在發育期進行適切的訓練，可能有一般人以上的成長發達。

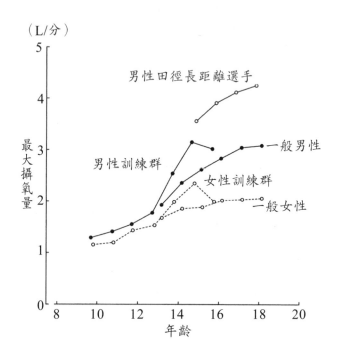

（L/分）

男性田徑長距離選手

男性訓練群

女性訓練群

一般男性

一般女性

最大攝氧量

年齡

圖57　以年齡別平均值觀察最大攝氧量的發展

（小林：日本人的有氧性動力，杏林書院，1982）

　　即使是中年以後若進行適切的訓練，也可以維持或提升即將下降的體能。即使訓練效果可能會有差異，但與性別和年齡無關可因訓練而提升體能。

二、訓練原則（Principles of Training）

　　至今有歸納過去進行訓練的幾種基本想法。但是因為受各種不同社會背景對訓練的影響，以致於原則未必一致。所以理解訓練原則之際，除了身體性的原則以外，有時也必須注意時代性和社會體制等方面的反映。本節只舉出與身體性因素有關聯的原則說明如下：

①超載（Over load）

超載是訓練原則中的原則。先設定比平常大的負荷，再以最大能力去適應其負荷才是訓練。

②漸進性

又稱漸增性。進行訓練之際逐漸增加其量。

③反覆性

進行反覆訓練。休息和休養爲此訓練的重要關鍵。

④個別性

考慮每個人的性別、年齡及體能水準等差異性，仔細研究訓練內容。

⑤可逆性

經由訓練提高的體能，訓練停止之後體能會逐漸減退。

⑥特異性

又稱特殊性。可以切合實際使用的運動訓練方式，以鍛鍊該身體部位和機能。

三、訓練的三條件

進行訓練的基本性原則是給予超載（over load）。設定日常生活不可能經驗的狀況之後才會有訓練的意義。圖58表示，肌力訓練的負荷強度和其訓練效果之關係。雖然是較古典的研究成果，但是，至今仍舊被引用做爲表示訓練本質的概念圖。依此圖示可知，日常生活發揮的肌力是最大肌力的20~30%，若保持此狀態，肌力即不增強也不減弱。如果要使肌力增強，就必須發揮在日常生活上不可能發揮的最大肌力之30%以上的肌力。因爲50%以上的強度則無法使肌力再增加，所以最適當的肌力訓練強度是40~50%。另一方面，若因生病身體活動力下降時，因肌力的發揮減少而呈現負的訓練效果，會帶來肌力的減弱。

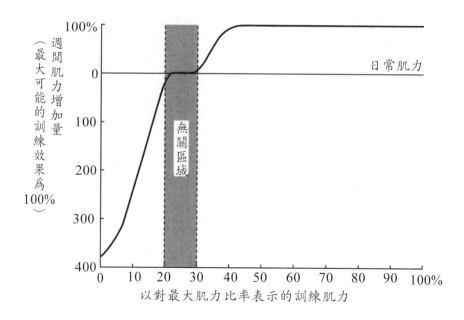

圖58 肌力訓練效果和肌力的關係

（Hettinger & Müller：Muskelleistung und muskel training. Int.Z.angew.
Physiol,Einschl Arbeitphsiol 15：111,1953）

設定超載的條件爲強度、時間及頻率等三種。強度是運動強度，
時間是指一次持續運動的時間，頻率是指反覆的次數，但一般是指每
週訓練的次數。此外，因訓練內容不同有時以次數取代時間。依據此
訓練三條件的組合，製作最適當的訓練計畫。但是因爲持續訓練促進
體能向上，所以持續實施某期間訓練之後需再次進行體能測量，設定
新的超載，製作與新體能相配稱的訓練計畫是不可欠缺的。

訓練時必須特別注意的是體能水準較低者，因爲初期水準低所以
短期間的訓練即可獲得很大效果，所以必須頻繁觀察其負荷的設定。
另一方面，體能水準高者的訓練效果較小。

四、運動的特異性

　　對運動或競技運動（sports）的內容沒有加以仔細研究就一併而論是常見的。例如，所謂運動對身體不好或運動對身體好等的膚淺結論。即使是運動或是競技運動（sports），儘管是隨其操作方法不同而有各種不同效果，可是仍有不少人將伸展體操或慢跑視為相同運動而論的。

　　訓練也相同，因其目的不同既是藥也是毒，也有完全沒有意義的。考量訓練時，重要的是首先要瞭解想要鍛鍊何種體能的明確訓練目的。然後選擇可提升其體能的適切運動，而且也必須注意運動的操作方法。例如在日本，稱為「跑」的運動，是單一的語言，但其內容是多樣的。英語稱呼的「跑」，其跑的方法分為如慢跑（jog），跑（run），短跑（sprint）等。所以即使稱之為「跑」，如同日本與英語對跑的表達方式略有差異，其操作方法和效果也各異。

　　另外，以提升全身耐力為目的而推薦的運動，一般有步行、跑步、游泳以及踩踏腳踏車等。然而，其效果嚴密而言並非相同，因為運動方式各異。因為運動方式不同的結果，基本性的差異在於使用的肌肉不同，即使是使用相同的肌肉其活動的方式也不同。關於這問題淺見等人（1975年）曾做過如下研究。以跑步機和踩踏腳踏車的運動，進行三個月的全身性耐力訓練後，再進行訓練效果判定測驗，以比較和檢討其訓練效果。效果判定用的測驗方法是以腳踏車測功計測驗非最大運動效果，而最大運動效果則以跑步機跑到衰竭（all-out）和在運動場上的12分鐘跑測驗。觀察其結果跑步機訓練者在最大攝氧量（$\dot{V}O_2max$）和12分鐘跑測驗有顯著效果，但是腳踏車的訓練者則未發現明顯效果。另一方面，以踩踏腳踏車運動的訓練者在非最大運動呈現顯著效果，但是在最大運動方面則未呈現明顯效果。

　　如此，為提升某體能而進行訓練時，若以其訓練所使用的運動方式進行鍛鍊，則其訓練效果變成顯著，此係呈現所謂運動特異性。因

此，游泳選手以游泳，田徑選手以跑步等提升全身耐力是最好的運動方式。

　　且說，訓練計劃內容的基本條件通常都是以健康的青年人作為對象所獲得的結果做基準的。如今，如果以運動或競技運動（sports）做為鍛鍊身體健康的方法時，將形成以各種不同年齡和運動經歷者為對象。本書因尚未有充裕空間陳述上述有關問題，但是在具體性的製作訓練計劃時，將對象的性別、年齡、運動經歷以及身體狀況等作為考慮的內容是不可欠缺的。

第二節　神經系統的效果

　　將不可能的變成可能，這些是進行訓練時所獲得的最大成就感。特別是有關技術動作改善的成就感是無以倫比的喜悅。近年來，雖然在腦、神經領域的研究已有驚人的進步，但是要成為運動和競技運動方面的應用似乎尚且遙遠。運動和競技運動的技術是每個肌肉的力量加上時間上的調節，以及和其他肌肉之間的互相關係而成立。而這種調節幾乎都是在無意識下進行。如此，技術是屬於超越理性或理論的所謂的感性領域，所以很困難將問題點和修正重點正確地傳達於他人。因而在此領域可能依然不得不從現象面去解析。所以「示範動作」在這領域具有極為重要的意義。

　　雖然本書使用「技術」用語，但是相同或近似的概念也有使用「技能」或「技巧；skill」等用語。

一、技術訓練

　　雖然說不上是技術，但是在競技運動被認為最困難的是，在於預測敵我雙方選手的動態。相信不久的將來，在此領域的腦、神經生理學的研究會有更大的發展。如何可提升個人的技術，從心理學方面將

自古即有的局部運動訓練原理作為可以應用於全身運動，將之歸納說明如下：

①反覆

雖然說已學會可以做某動作但並不代表對該動作已學得很熟練。所以最重要的是在不過度疲勞範圍內，反覆進行該動作。

②目的意識

在某種意義上必須要有預測未來的能力。要認識訓練所持有的意義，以及瞭解以何種的訓練形式才可達成，其效果將會更大。

③記憶恢復（reminiscence）

通常都以為練習才是技術進步的關鍵，所以常看到競技運動選手持續集中練習。然而，儘管稍停練習可是有時成績仍然有上升情形，這稱之為記憶恢復（reminiscence）。所以轉換氣氛對技術向上是有效果的。

④超學習（over learning）

與上述的「反覆」也有關係，認為已達成目標而馬上停止訓練其效果則會減少。達到某基準之後還持續進行訓練，稱之為超學習。

⑤意象訓練（image training）

意象訓練作為競技運動技術訓練方法，至今已是眾所熟知的。實際上不去活動身體而在運動或競技場上將身體活動以意象方式進行。然而，對沒有經驗或初學者而言，欲以意象學習優越動作幾乎是不可能的。

⑥轉移

學會的技術，對其他運動訓練的影響，稱之為轉移。也經常傳聞，職棒選手很快就可以打好高爾夫球。其反面，養成的技術招災，反而耽誤新動作的習得，也有所謂的負面效果。

⑦回饋（feed back）

當觀看競技時的自己動作之錄影鏡頭，很多人常對自己表現的動作與想像的動作不一樣而感到驚奇。然而，可以從映像分析、修正以及改善自己的動作，稱為回饋。尤其是需要再現高難度動作的運動中，回饋是有效的。

二、技術的解析

如果可以明確地解明在中樞神經系統內的改善情況是最好的，但是在現今階段仍然是幾乎不可能的事。至今在運動和競技運動的研究領域，一直使用的技術解析方法是映像解析和肌電圖解析。在肌電圖解析方面，通常在測量肌電圖的同時也紀錄映像和力的發揮。

（一）觀看映像的動作解析

如圖59所示，是投五次保齡球時保齡球的動作重疊組合軌跡。可以看到一流選手幾乎繪出相同軌跡。但未熟練者所繪出的軌跡有很大的分散和凌亂。目前由映像的解析方法是極為一般性的。從這種結果的理解，可能是如下所述。

一流選手之高度的動作再現的背景，應該是與動作相關的很多肌肉，每次都以相同的順序、力量、時間以及時機性（timming）等進行活動。而為其背景的中樞神經系統應該有安定且被固定的神經迴路控制這些動作。另一方面，未熟練者則因動作尚在摸索中，故尚未形成合理性的固定神經迴路。從影像可進行如上的分析解釋，以推測中樞神經系統的神經迴路存在。

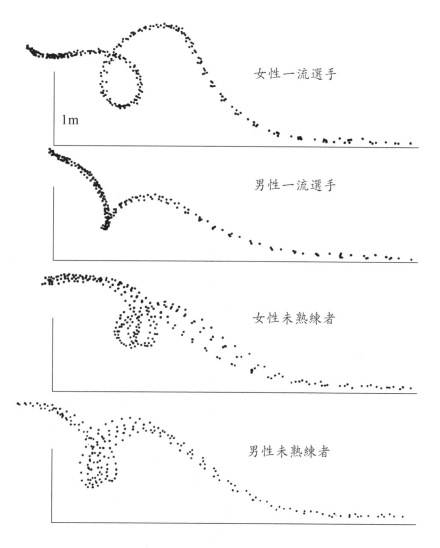

女性一流選手

男性一流選手

1m

女性未熟練者

男性未熟練者

圖59　保齡球五連投的重疊組合軌跡

（全日本保齡球協會編：公認教練教學書（text book）保齡球專門教科，
1985）

（二）觀看肌電圖的動作解析

將動作解析中將映像研究更進一步研究的是肌電圖解析。若只以映像解析，毫無可能做到完全瞭解肌肉的活動度。例如投球時手臂是否用力，或肩部是否用力，只憑觀察映像是無法得知的。解析包含肌肉作用的身體動作，必須肌電圖和映像同時進行。如圖60所示，是高爾夫運動進行揮桿動作時的肌電圖，圖中上段是熟練者，下段是未熟練者。由圖中瞭解到熟練者的右手臂與左手臂比較，整個右臂做出強大的活動。而肩則沒有用力，當肘關節伸展時，拮抗肌的肱二頭肌（伸展）放鬆，不妨礙主作用肌的肱三頭肌活動（收縮）。更有，肱三頭肌的活動是碰撞（impact）瞬間前的短時間集中精神進行。相對的，可以觀察到未熟練者的多數肌肉有持續性而活動度高的放電。尤其是身體背部左側的斜方肌及肢體較為顯著。由此也了解到揮桿（swing）時的「肩部用力狀態」。此外，雖然外觀上看起來一樣是熟練者揮桿，但是肌肉放電類型不同。同樣地，由壓力盤的測量瞭解到熟練者和未熟練者對下肢的體重分配完全不同。

雖然肌電圖可測量直接作用部位的某肌肉活動，但是也同時反映著中樞神經的興奮。依據如此肌電圖的測驗，可觀察中樞神經的神經迴路作用。然而，因為競技運動的研究只能勉強由皮膚表面測量肌電圖。網羅包括深層肌肉等與動作有關肌肉測量的界限很大。因此，了解有關動作的神經迴路的所有情況，在現實點可說是不可能的。因將視點置於中樞神經系統的技術解析之路尚且遙遠。

分解揮桿動作順序：

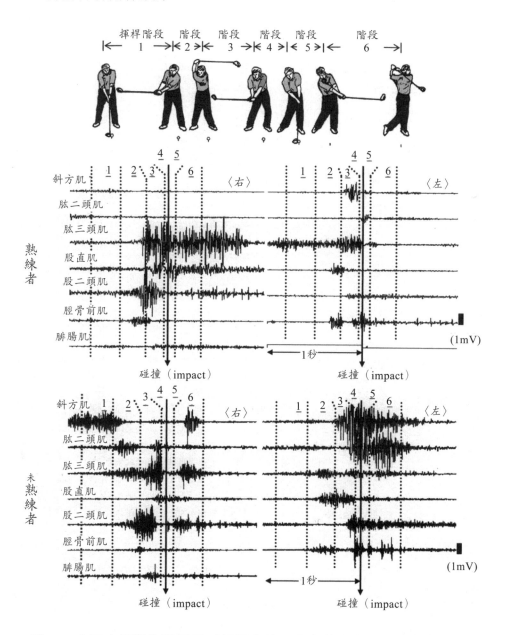

圖60　高爾夫揮桿的肌電圖（朝日大學　山本英弘先生的善意提供）

三、神經系統的改善

熟練者和未熟練者的技術明顯不同。而且，越訓練則技術越進步究竟是依據中樞神經或中樞神經系統如何的變化所造成的。關於這一點是眾人最想知道的，但是至今尚未有可回應期待的測量方法。

技術的改善或談及中樞神經損傷者的恢復，一定成爲話題的是突觸（synapse）的可塑性。突觸的傳達效率是刺激頻率變高時傳達效率增大。神經具有使用的刺激頻率越高則神經刺激傳達變越容易的性質，此即所謂突觸的可塑性。可塑性的效果無法持續長時間，但是，因經由長時間的反覆進行動作可以固定技術，所以認爲突觸擁有形態學性的可變性。技術練習時反覆進行相同的動作，將形成選擇性的使用與其有關聯性的神經系統。所以動作的技術練習反覆進行是不可缺少的。然而，即使一旦具備的技術也會有微妙的變化。由此可瞭解到即使是一流的競技運動選手，也必須有給予客觀性觀察動作的教練，因爲這種變化自己本身是很難察覺出來的。

此外，根據宮下（英三）（2000年）所提，基於突觸的可塑性，在大腦皮層運動區的機能圖譜的再構築之一般法則認爲是如下所示：

①運動練習過的身體部位會隨著運動表現而擴大其區域，而與練習不相關的鄰接區域則縮小。

②不鄰接已練習過運動的身體部位區域則不產生再構築現象。

③不練習則回復原位。

關於技術，中樞神經系統的改善如上所考量。而末梢神經系統的改善則可能在於刺激傳導速度之變快。然而，一項以末梢神經的尺骨神經進行傳導速度的研究調查，其結果，運動熟練者和未熟練者之間看不出有差異存在。所以認爲即使訓練也不會改善末梢神經的傳導速度。

第三節 肌肉系統的效果

　　對肌肉系統產生影響的不只是重量訓練，即使後述的全身性耐力訓練也會影響，但是在此節，只以重量訓練和肌肉耐力以及肌動力等訓練為限並歸納介紹其效果。究竟有關全身性的身體運動是一邊保持身體各器官互相關聯一邊實施運動。並不是只有某部位單獨的獨立機能作用。例如，慢跑並不是只有依賴有氧能量供給系統進行。即使肌肉也一樣，如肘屈曲運動不是只有肱二頭肌、肱肌以及肱橈肌等參與而已，支持此運動的肩和軀幹的肌肉也必然參與。重量訓練也不只是提升肌肉機能，依對象不同也可見氧運輸系統的效果。

一、重量訓練

（一）各種訓練方法

　　如第二章第三節所述，肌肉收縮的型式是多樣性的。重量訓練則適應肌肉收縮型式設計出各種不同的訓練方法。雖然比較古典，但是即使目前也被高度評價的是等長性訓練（isometrics training）。就是關節沒有動作的靜性訓練。利用等長性收縮（isometrics contraction）的訓練，其幾乎不必使用訓練儀器的輕便訓練方法依然獲得好評。但是，因訓練時的關節角度有被限制的傾向，且與動性訓練比較效果較小，所以不受競技運動選手喜好。

　　另一方面，目前是使用訓練用儀器以取代靜性訓練從事動性訓練為主流。這種儀器從曾經是舉起重物的構造（等張性訓練）變化為克服摩擦抵抗的構造，近年來很多都改稱為抵抗阻力訓練（resistance training）取代重量訓練。因此，一直沿襲下來的重量訓練儀器原來只有上舉重物而已。而現今由電腦控制的抵抗阻力訓練儀器，不但可以自由變換上舉速度和抵抗（等速性訓練），同時構造上的安全性也提高。因此，等速性儀器不只是競技運動選手專用，也廣泛的利用於

男女老弱，或各種不同體能水準者。這種等速性儀器雖適合於局部性的肌肉訓練，但是有些競技運動選手認為此種儀器不適合使用於必須幾種肌肉協調運動的動作之訓練。還有，所謂增強式訓練（plyometric training），是連續性的進行肌肉伸展性收縮和短縮性收縮的訓練方法。例如從台上往下跳，藉著地時的反動力再往上跳的方法。但是，因過多的伸展性（離心性）肌肉收縮，肌肉容易受傷，所以進行此訓練時必須特別小心。

（二）訓練條件

　　關於訓練計畫，仔細地歸納的是等長性訓練。如下所示是德國的運動生理學者Hettinger（1961年）所彙整的，是為獲得最大訓練效果的必要且充分的條件。

- 強度：最大肌力的40~50%。
- 時間：運動至疲勞衰竭時間的10~20%。
- 頻率：每天一次。

　　還有，強度和時間則如本章第四節所述，強度和時間的互相組合很重要。表22所表示的是此訓練方法的各種不同強度和時間之組合。

表22　肌力訓練的強度條件和時間條件

以相對最大肌力%表示的訓練強度 （%）	必要的肌肉收縮時間 （秒）
40~50	15~20
60~70	6~10
80~90	4~6
100	2~3

(Hettinger & Müller：Muskelleistung und Muskel training. Int.Z.angew. Physiol. einschl Arbeitphysiol.15：111，1953)

　　因為有關動性訓練的儀器種類很多，所以其條件也多樣化，但是一直以來，使用上舉重物的訓練法以RM（repetition maximun）最大反覆做為強度指標。此為將重量逐漸增加，先求得只能上舉一次的重量，此重量稱之為1RM。以此重量為基準，可以反覆進行10次上舉的重量，即為求得10RM，以其重量作為訓練強度的方法。

　　表23所示的是將使用有關等速性訓練、等張性訓練以及等長性訓練等儀器的訓練方法，從多方面觀點作優劣比較。以此觀之，全盤性的，最好的訓練方法是等速性訓練。

表23　三種重量訓練優劣之比較

評價 尺度	等速性	等長性	等張性
肌力獲得率	非常良好	不好	良好
肌耐力獲得率	非常良好	不好	良好
動作範圍外的肌力獲得	非常良好	不好	良好
訓練時間	良好	非常良好	不好
費用	不好	非常良好	良好
實施難易度	良好	非常良好	不好
漸增負荷的難易度	不好	良好	非常良好
特定動作的適用	非常良好	不好	良好
肌痛	非常良好	良好	不好
安全性	非常良好	良好	不好
技術提升	非常良好	不好	良好

（Fox，朝比奈監譯：競技運動生理學，大修館，1982）

二、重量訓練的效果

　　以往雖有很多重量訓練效果的研究累積，但是，因研究對象不同其訓練效果呈現情況也各異。例如男女肌力增加程度有很大不同。那意味著，效果以定性的理解比定量的理解好。

（一）肌肉

　　重量訓練最顯著的直接性效果是肌肉肥大。此肌肉肥大的背景被認為是如圖61所示的肌纖維的肥大，包圍著肌纖維的結締組織的肥厚以及肌纖維的增殖。

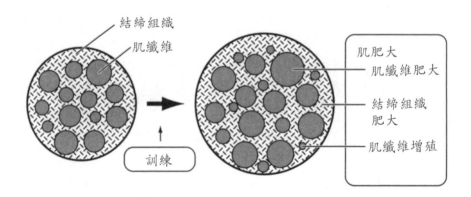

圖61　伴隨肌肥大產生的肌肉增大（macro）的型態性變化。表示模式型的橫斷像。

（訓練科學研究會編：抵抗阻力訓練，朝倉書店，1994）

（二）肌纖維

　　肌纖維大致分為慢縮肌纖維和快縮肌纖維等兩種。因重量訓練而顯著肥大的是快縮肌纖維，因為快縮肌纖維是與發揮強大力量和快速度有關的肌纖維。關於肌纖維數目，雖然一般指出兩種肌纖維都不會因訓練產生變化。但至少已確認哺乳動物中的鼠類等，因訓練產生肌纖維增殖現象。所以目前認為肌肥大可能原因之一為肌纖維的增殖。

（三）中樞神經

進行重量訓練並不會馬上產生肌肥大和肌肉量增多。在訓練初階段不產生肌肥大，但因從中樞神經的刺激增大而增加肌力。由所謂提升集中力，可以讓運動參與率低的肌纖維活性化，而提升肌纖維的活動水準。如圖62所示，是訓練期間和肌力和絕對肌力的變化。儘管肌肉橫斷面積不增加，可是20天後肌力增加。也就是20天以後才產生肌肉橫斷面積增加（肌肥大）。此乃意味著訓練初期階段是心理性界限的提升，其後才是生理性界限的提升（參照第二章第三節）。

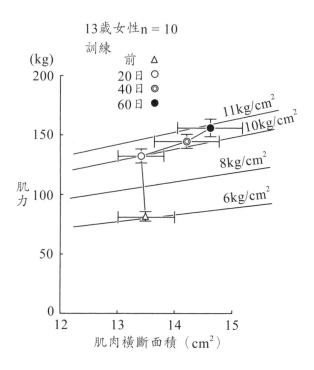

圖62　訓練的肌力和肌肉橫斷面積之關係變化

（福永：人的絕對肌力，杏林書院，1978）

（四）代謝

重量訓練對代謝的影響，不如全身耐力性訓練和短時間高強度

（sprint）的訓練來的大。倒是因肌纖維肥大產生稀釋效果，因而造成粒線體（mitochondrion）的密度或氧化酵素活性下降的可能性。

三、肌耐力的效果

肌耐力訓練如果負荷強度過高時提升效果反而小。肌耐力訓練的適合強度是最大肌力的30~40%。與重量訓練比較則屬低強度。圖63所示，是以此強度進行的握拳運動的訓練效果。此握拳運動的主體是前臂肌肉，因持續性訓練而增加操作次數，前臂的血流量也與之成比例的增加，也增加肌肉攝氧量。同時，肌肉肝醣和脂肪的貯藏量以及肌紅蛋白（myoglobin）也增加。此乃意味著肌肉本身的氧化能力提升。如此肌耐力提升是因參與運動的肌肉氧化能力提高而不是因肌肥大。所謂肌耐力的提升是創造「不易疲勞的肌肉」。由下肢耐力為主的馬拉松選手的肌肉不如短時間高強度選手的肌肉粗大，即可了解肌耐力的訓練效果。

四、肌動力的效果

如第二章第三節所陳述，動力受肌力和速度兩因素的影響。換言之，欲提升動力就必須增大肌力或增快動作速度，或更進一步的兩者都增強則更有提升效果。

約發揮最大肌力30%的負荷時可以發揮最大動力。而且，若以單一的負荷為考量時，肌動力訓練強度以約最大肌力30%的負荷時最有效果。圖64表示肘屈曲訓練的實驗結果。圖中的A、B、C、D代表訓練負荷之意。如果是單一的負荷，以B的效果最大而D的效果最小。進一步的將B和C組合的複合負荷A呈現更大效果。

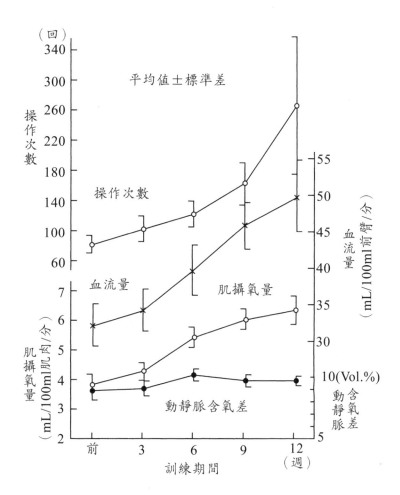

圖63 操作次數、最大運動時的血流量、肌攝氧量和動靜脈含氧差等的訓
　　　練變化

（田口：從肌攝氧量觀察肌耐力訓練效果的研究。體育學研究 **14：19**，1969）

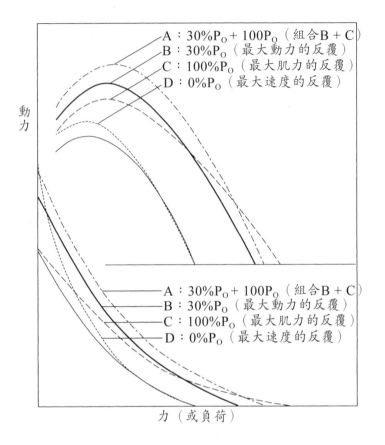

圖64 肌肉的力—速度關係和影響動力的各種訓練的效果

（金子：スポッ•エネルギー學序說，杏林書院，2011）

第四節 氧運輸系統的效果

從體能科學的觀點考量氧運輸系統訓練效果之際，首先由最大攝氧量的增減爲著眼點出發。最大攝氧量由利用氧方面而言，是進行最大限全身運動時參與運動的肌肉所需要的氧需要量最大值。從氧運輸方面而言，是回應參與運動的肌肉所需要的氧運輸量最大值。如此，需要量與運輸量（供給量）兩者之間，有其表裏一體的關係。在此，以增大最大攝氧量爲目的的全身性耐力（有氧性）訓練爲概觀，以影

響氧運輸系統的效果爲中心，歸納相關理論與實務如下。

一、全身性耐力訓練

　　競技世界所熟知的，間歇訓練（Interval training）、持續訓練以及法特雷克訓練（Fartlek Training）等，這些方法是有漫長歷史的田徑長距離選手的全身耐力性訓練方法。而目前不只是以競技運動選手爲對象，以維持或增進體能與健康爲目的的非競技運動選手爲對象的全身性耐力訓練也已明確了解其生理學性背景，據此提示訓練計畫的基礎。

　　圖65所示，是（財）體育科學中心（1970~2002年）所歸納的訓練三條件之中的強度和時間的組合。由圖中得知，是強度越高則時間越短，強度越低則時間越長的組合。即使每週一次的訓練頻率也有明確的效果，然而訓練頻率越多則訓練效果越大。但是建議最標準的是一週三次的頻率。關於求出攝氧水準的方法，雖然嚴密的測量方法離簡便還相當遙遠，但是如果使用第三章第三節的圖55，則可能從心跳率去推測。一般性的是使用依據心跳率推算攝氧水準做爲運動強度。

　　除此之外，還有另外幾個提案。例如將美國運動醫學會的見解（1998年），摘要如下：

- 強度：HRmax55/65~90%，保留心跳率（heart rate reserve：HRR）的40/50~85%
- 頻率：每週三~五次
- 時間：連續有氧運動，或最少10分鐘的間歇運動的累積計算，20~60分鐘。因強度和時間有關聯，所以低強度運動要在30分鐘以上，高強度運動則至少要20分鐘以上。

　　另一方面，山地和橫山（1987）從很多研究報告彙整出，將改善最大攝氧量的全身性耐力訓練的最低基準，歸納如下。

- 強度：攝氧水準的40~50%
- 時間：20~30分鐘
- 頻率：每週二~三次
- 期間：數週

　　如上所述，任何提案的訓練條件，也都持有某程度的幅度。如本章第一節所述，幅度是考慮對象者的性別、年齡、運動經歷以及身體狀況等而設計。還有，全身性耐力訓練因以動員大肌肉群為前提，所以一般建議，使用下肢的步行、跑步、游泳以及踩踏腳踏車等運動方式。

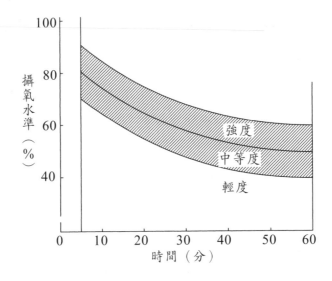

圖65　全身耐力性訓練的強度和時間的組合

（體育科學中心編：培養健康的運動處方卡，講談社，1976）

二、全身性耐力訓練對呼吸系統和循環系統的影響

　　為了解訓練效果的大致輪廓，於表24表示訓練者和非訓練者代表性的代謝性和生理性的測量值。以表24歸納其主要影響陳述如下。

表24　健康的訓練者和非訓練者的代謝性、生理性數值的代表值[a]

變數	非訓練者	訓練者	%差[b]
肝醣，mmol · g wet肌肉$^{-1}$	85.0	120	41
粒線體數 mmol^3	0.59	1.20	103
粒線體容積，%肌肉細胞	2.15	8.00	272
安靜時ATP，mmol · g wet肌肉$^{-1}$	3.0	6.0	100
安靜時CP，mmol · g wet肌肉$^{-1}$	11.0	18.0	64
安靜時肌酸（creatine）mmol · gwet肌肉$^{-1}$	10.7	14.5	35
醣酵解系統酵素			
磷酸果糖激酶，mmol · g wet肌肉$^{-1}$（phosphofructokinase）	50.0	50.0	0
加磷酸分解酵素，mmol · g wet肌肉$^{-1}$	4-6	6-9	60
有氧性酵素			
琥珀酸去氫酶，mmol · kg wet肌肉$^{-1}$（succinate dehydrogenase）	5-10	15-20	133
最大乳酸，mmol · kg wet肌肉$^{-1}$	110	150	36
肌纖維			
快縮肌纖維，%	50	20-30	−50
慢縮肌纖維，%	50	60	20
最大一次心輸出量，mL · 次$^{-1}$	120	180	50
最大心輸出量，L · 分$^{-1}$	20	30-40	75
安靜時心跳率，次 · 分$^{-1}$	70	40	−43
最大心跳率，次 · 分$^{-1}$	190	180	−5
最大動靜脈含氧差，mL · 100mL^{-1}	14.5	16.0	10
最大攝氧量，mL · kg^{-1} · min^{-1}	30-40	65-80	107
心容積，L	7.5	9.5	27

（續下頁）

變數	非訓練者	訓練者	％差[b]
血液容積，L·min^{-1}	4.7	6.0	28
最大換氣量，L·min^{-1}	110	190	73
體脂肪率％	15	11	−27

a.有時也以近似值表示。訓練者的值都是耐力性競技者所有的。請注意訓練者和非訓練者的％差，未必都是訓練的結果。因為恐怕各人間的遺傳性差異有很大影響。

b. $\dfrac{（訓練者的數值 — 非訓練者的數值）}{非訓練者的數值} \times 100$

由上式算出％差（田口等譯者追加）。

（McArdle等，田口等監譯：運動生理學，杏林書院，1992）

（一）呼吸系統

影響最顯著的是最大攝氧量的增大。雖然也與訓練前的體能水準有關，但約估計可能增大20~30%。造成最大攝氧量增大的背景有最大換氣量的增大、一次換氣量的增大以及攝氧率（吸氣氧濃度和呼氣氧濃度之差）等的改善。

（二）循環系統

1. 心臟

全身性耐力訓練可使心臟的重量和容積都增大（心肥大）。全身性耐力訓練形成的心肥大顯著的是左心室的容積增大。心跳率則最大運動時以及同一運動強度的非最大運動時有減少的傾向。心跳率雖然減少，但每一次心輸出量增大，故每分鐘心輸出量也隨之增加，所以最大心輸出量也增大。

2.血壓

安靜時以及非最大運動時的最高和最低血壓有減少傾向。可見到最高血壓明確的減少，尤其是高血壓者減少較為顯著。

3. 血液量

血漿量和總血紅素量有增加傾向。

4. 動靜脈含氧差

動脈血含氧量沒有改變，但是經累積訓練的肌肉可以從動脈血攝取較多的氧。即動靜脈含氧差增大。因為動靜脈含氧差增大，故肌肉以較少的血液量就可攝取同量的攝氧量，可能形成有較好的血液分配效果。

（三）肌纖維

如圖66所示為歸納，以肌纖維為中心的，由全身性耐力訓練而改善情況。由圖中可知，有氧性機能獲得很大改善，但是必須注意肌纖維的選擇性改善。

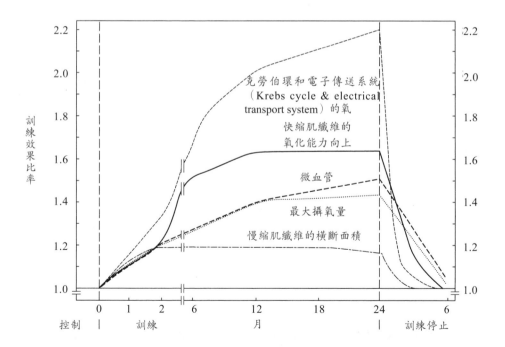

圖66 隨著全身性耐力訓練活動肌產生各種不同適應的模式圖

圖中一部分屬於假設性的歸納。圖是根據人的縱斷性以及橫斷性的研究。

（McArdle等：Exercise physiology，Lea & Febiger.1991）

三、無氧性訓練

　　全身性耐力訓練又稱有氧性訓練，在生理學上是以改善有氧性能量供給系統爲主要目的。相對的，無氧性訓練主要目的是改善無氧性能量供給系統。短時間高強度的快速短跑或動力（power）型的重量訓練等爲主要運動方式。訓練條件的強度和時間有密切關係，以無氧性訓練增強非乳酸性能量供給系統，需要5~10秒的盡全力致疲勞困憊爲止的運動強度。其間歇時間約1~3分鐘。增強乳酸性能量供給系統，則需要30秒~1分鐘的盡全力疲勞困憊爲止的運動強度。其至下次運動的間歇時間約3~5分鐘，但是如果因爲反覆運動蓄積大量乳酸時，則需數小時的休息時間。

　　這種無氧性訓練所帶來的效果，有一部分如表24所示，會有無氧性酵素增加、ATP和CP增加、醣酵解能力增大、最大血中乳酸值增加以及快縮肌纖維肥大等效果。

第五節　身體組成的效果

　　近年來，提高對身體組成的關心，減重之際不只針對體重，已廣泛的認識到應該重視於減少脂肪。關於運動造成身體組成的效果，尤其是以減少體脂肪爲著眼點的健康性減重方法已獲得很高的評價。另一方面，運動增重效果也有很多的關心和支持。

　　近年來，運動和競技運動對骨的影響也逐漸獲得很大的關心。

一、安靜的影響

　　評估運動對身體組成之影響，有直接觀察運動效果的方法，以及相反地由觀察不實施運動的身體變化而探討運動效果的間接方法。關於安靜的影響，近年來，積極進展從事與宇宙醫學之相關性研究。然

而至今仍常被引用的著名研究有約30年前Saltin等（1968年），從廣泛的觀點研究安靜休息（bed rest）對身體組成的影響提出了研究報告。受試者爲美國男性大學生，20天除飲食和讀書可以起床之外，其餘時間都在床上安靜生活。因爲飲食攝取有考慮不使體重產生變化，所以受試者的體重雖沒有減少，但其除脂肪體重從平均66.3kg降到65.3kg減少1kg。這個減少意味著脂肪體重增加了1kg。亦即，即使體重保持一定，因持續保持安靜狀態，所以有身體實質內容的身體組成方面，產生除脂肪體重減少和脂肪體重增加的變化。

二、全身性效果

全身性運動從目的和運動方式，可以分爲：提高全身性耐力的全身性耐力訓練（有氧性運動），以及增強肌力和增加肌肉量爲目的的重量訓量等兩大類。

（一）全身性耐力訓練

關於有怎樣的全身性耐力訓練內容，才能有效改善身體組成，美國運動醫學會（1978年，1983年）從其研究中提出兩個建議進行討論。其要點歸納爲如表25所示。此表有極具體性的有關運動的指正，然而雖然有完全滿足其條件，但不一定出現準確的效果，也並不是因條件不足而沒有效果。只是基本性的大致目標而已。而且效果大小與肥胖程度有關聯，不是很肥胖狀態者其效果則小。並且，特別強調此建議所陳述的頻率具有極重要的意義。關於肥胖者的體重控制則請參照第二章第八節。

表25　減體重計畫的美國運動醫學會提議摘要

1. 將體重分為除脂肪體重和脂肪體重兩大類的身體組成基本思考方法。
2. 改善飲食生活，進行全身性耐力訓練，同時注意營養均衡的中等度熱量（calorie）的飲食攝取很重要。
3. 運動方式是使用大肌肉群的全身運動。
4. 全身性耐力訓練的基本之強度是最大心跳率的60%（約為最大攝氧量的50%的強度），時間是20~30分鐘，頻率是一週3次以上，每一次運動約消耗300kcal熱量。
5. 即使每一次的運動消耗200kcal的熱量，如果頻率一週為4次時也是有效果的。
6. 每一次運動消耗300kcal以上的熱量，頻率越多，則所期望的身體組成效果更會提高。
7. 理想的體重減少量以每週為0.45~1kg最適宜。

（北川：運動對體脂肪的應答。臨床運動醫學 17：21，2000）

　　表26表示全身性耐力訓練對身體組成影響的摘要表。但是，表26也有歸納關於後述的重量訓練。以表26所表示的平均值，掌握全體特徵觀察時，了解到全身性耐力訓練的效果首在於體重的減少。而除脂肪體重僅有稍微增加傾向，脂肪和體脂肪率則減少。亦即全身性耐力訓練效果男女兩性都出現共通現象，即除脂肪體重維持現狀，但是因脂肪減少致使體重減少。

表26 訓練對體重以及身體組成的影響

性別 (文獻數)	年齡 (歲)	期間 (週)	時間 (分)	頻率 (次/週)	體重 (kg)		除脂肪 體重(kg)		脂肪 (kg)		體脂肪率 (%)	
					前	後	前	後	前	後	前	後
全身性耐力訓練												
男(26)	(18-59)	(8-104)	(20-120)	(2-5)	83.7	82.0	64.0	64.3	19.7	17.7	22.5	20.7
女(10)	(16-44)	(7-29)	(16-60)	(2-6)	63.5	62.4	45.2	46.0	18.3	16.4	28.8	26.4
重量訓練（包含循環訓練：circuit training）												
男(9)	(18-48)	(8-26)	(15-150)	(2-3)	77.6	78.1	62.1	63.8	15.5	14.3	19.2	17.5
女(5)	(16-23)	(9-26)	(15-90)	(2-3)	62.9	62.5	45.7	46.1	17.2	16.4	26.9	25.7

( ) 的值是最小值和最大值，其他是平均值

（北川：運動對身體組成的效果。體育科學 35：772，1985）

（二）重量訓練

　　重量訓練不若耐力訓練可以持續長時間進行。數次舉起槓鈴（barbell）之後必須有短暫的休息時間。那是因爲重量訓練是高強度運動，主要能源是依存貯藏量少的無氧性能量供給系統，所以須有短暫休息時間藉以恢復能量。與其他訓練方式比較，重量訓練疲勞感高但能量消耗比較少。

　　由表26的重量訓練效果的概要，得知男、女的訓練效果不盡相同。男性是除脂肪體重增加而體脂肪量減少。因增加和減少互相抵消所以體重幾乎沒有變化。當然依舊體脂肪率有顯著減少。另一方面，女性則除脂肪體重沒有顯著的增加，但是體脂肪有稍微減少的傾向，而體重幾乎沒有變化。此結果也證實了如表25所歸納之減少體重爲目的的運動以全身性耐力訓練有較佳效果的美國運動醫學會的建議。

　　重量訓練的強大力量之發揮是肌肉肥大的重要條件。但是肌肉肥大必須有男性賀爾蒙。而因爲女性的男性賀爾蒙分泌沒有男性多，所以即使是持續重量訓練，女性的除脂肪體重也不會顯著的增加。常有女性怕因運動訓練變成如男性肌肉體型。但是，如表26所示，以一般性的重量訓練，女性想要增加肌肉量是不容易的。更何況運動強度低的全身性耐力訓練，即使希望肌肉量增加也不可能期望得到的。

三、局部的訓練效果

（一）局部運動效果

　　因爲長年打網球，所以握球拍的手臂皮下脂肪比較少，或欲以腹肌運動甩掉腹部堆積的過多脂肪，諸如此類，常有人誤以爲從事某局部運動即可有效減少該運動的主要部位之皮下脂肪。

　　對於局部運動，美國運動醫學會（1983）有依據活體檢查（Biospy）採取脂肪組織分析的一項調查報告。如圖67所示爲女性的腿伸展訓練結果。將訓練腿的皮下脂肪厚，以CT和皮脂厚計（caliper）

法等測量，由圖可知，確實訓練腿的皮下脂肪層變薄，但肌肉變厚。似乎是訓練腿的皮下脂肪有減少的結果。然而，依據活體檢查（Biospy）測量了解，脂肪細胞的大小和脂肪細胞中的中性脂肪的容量等，與非訓練的腿沒有差別。其報告結論中指出，即使說因局部運動皮下脂肪厚度變薄，那只是因訓練使肌肥大而從內部擠壓皮下脂肪，而實質上脂肪量並未減少。另外的例子是有關腹肌運動的報告。受試者是青年男性，為期27天的訓練，其總次數是5004次。在腹部、臀部以及肩胛骨下角部等，進行活體檢查（Biospy），所有檢查部位的脂肪細胞都變小，但並沒有發現只是腹部的脂肪細胞變得特別小，或皮襞厚變得特別薄。由以上可知，腹肌運動沒有優先減少腹部的脂肪。另外，推算有關2位受試者訓練的全部能量消耗，其量為1400kcal。此消耗能量和表25所示的美國運動醫學會建議的相比較即可瞭解，以此消耗能量是無法減少脂肪的。

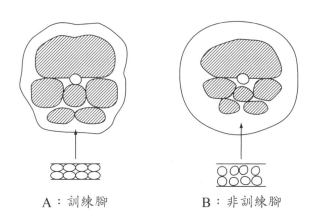

A：訓練腳　　　　　　B：非訓練腳

圖67　局部肌力訓練對皮下脂肪厚度以及脂肪組織的影響
　　　訓練腿的皮下脂肪厚度變薄但是脂肪細胞沒有差異。

（Björntorp：Physical and clinical aspects of exercise in obese persons,Terjung編：Exercise and sports sciences reviews.Vo.ll.American College of Sports Medicine Series,The Franklin Institute Press,1983）

這樣的研究結論被認為極為當然。因為某局部的肌肉運動的能量，並沒有可以從其運動肌肉之表層皮下的脂肪組織優先性的選擇供給的路徑。如欲減少腹部的脂肪，全身性耐力訓練比局部的腹肌運動更為有效果。

（二）內臟脂肪的效果

關於對皮下脂肪和內臟脂肪的運動效果差異性研究不能說是很充分，但是有幾個研究報告。對於閉經前的肥胖女性，以每週4~5次的頻率，進行14個月的有氧性運動。其研究報告指出，以CT測量的腹部的皮下脂肪面積減少，但是內臟的脂肪沒有改變。大腿部也有同樣傾向。關於飲食控制和運動訓練組合的肥胖女性的研究，一群是有氧性運動其頻率為5次/週，另一群是重量訓練其頻率為3次/週，任何一組訓練期間都為16週。以MRI測量結果，兩群的皮下脂肪和內臟脂肪都減少，但是內臟脂肪的減少量較多。根據一項對高齡女性進行重量訓練的報告，其頻率為3次/週，訓練期間16週，其結果，依CT測量發現皮下脂肪沒有變化，而內臟脂肪有產生變化。

如上所述全身運動對軀幹部，特別是有關腹部皮下脂肪和內臟皮下脂肪的影響研究例不是十分足夠的。今後仍有必要對應性別、年齡以及肥胖度等，探求適切的訓練計畫。

（三）骨的影響

關於骨的負荷和骨適應的關係，認為骨有感知骨歪斜的感應器（sensor），依骨歪斜程度的大小產生骨量和骨強度變化的想法，廣為一般人接受。此理論認為欲有效地使骨歪斜，則強度和速度是重要因素。但是頻率則不是很重要的因素。

圖68所示，是以A~D四組的大學生以上參與競技運動的女生和沒有參與競技運動的女生，調查其腰椎的骨鹽量（bone mineral density：BMD）的研究比較，從資料分析了解，多使用跳躍的強負荷高

衝擊（high impact）運動項目，如排球和籃球等選手的骨鹽量有增加傾向。另一方面，田徑長距離選手和游泳選手等的骨鹽量則沒有增加效果。其原因可以考量為，田徑長距離負荷屬較弱低衝擊（low impact），而游泳則沒有支撐體重的負荷。

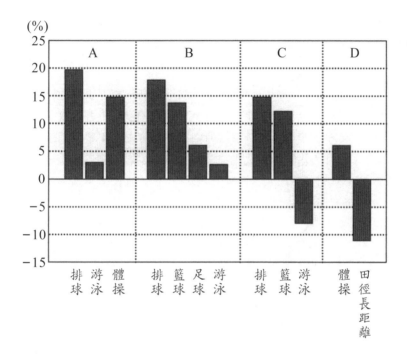

圖68　各種競技運動選手的腰椎骨密度的增加率比較

（北川編著：健康運動計畫的基礎，市村出版，2005）

　　如以上所述，即使是累積激烈訓練的競技運動選手，因其運動項目的特性而看不到骨鹽量的增加。認為伴隨有高衝擊（high impact）的負荷運動，是作為造成骨量增加的適當訓練。

第五章　高齡者的運動和營養

　　我國（日本）正迎接著世界史無前例的老年社會。形成高齡社會中心層的是第二次世界大戰中，或是大戰剛發生不久（1940~1950年）出生的人。以誕生當時的狀況考量，不只是營養，就是生活環境的惡劣程度無法和今日相比較。儘管如此，卻是迎向世界上稀有的高齡社會，其原因是成人後或到達高齡以後每個人生活管理適切，而且，因社會環境的整頓進步的關係吧！

　　近年來，每當「體育節」的第二天，頭條新聞都會寫上參加高齡者體適能教室的人數增加，參加率遠超過年青人。而且，新聞和電視等，中高齡者用的營養補品（supplement）和健康食品的商業信息（CM：commercial message）有如百花齊放。由此狀況可知，高齡者對運動和營養抱著極高度的關心。

　　可是，常言道為健康而運動。是當真嗎？其原因是健康難以用數值去領會（參照第一章），而且，因為每個人對健康的概念也不相同。不僅是運動而已，因為營養和衣服等包圍著人類周圍的所有環境的事物都是構成健康觀的因素。因此，運動不是設置目的於鍛鍊身體健康，而是因進行運動或競技運動即可獲健康的考慮方法較合乎道理。享受運動或競技運動的快樂為目的，其結果得到健康。健康和和平相同，任何人都期望擁有，但是其情況千差萬別，應該考量為沒有普遍性的健康觀。

　　我國（日本）是世界屈指第一的長壽國，但是因為高齡者的身心狀況有很大進步，目前也正在興起應該重新評估高齡者標準的實足年齡為65歲的議論聲浪。本章，為使高齡者過著比目前更精力旺盛的生活，歸納有關運動和營養的基本性知識如下。

一、加齡與體能

　　圖66是表示隨年齡增加的日本人男性的握力和垂直跳的變化。很多的體能因素都以20歲作為達最高峰期，然後隨年齡增加體能產生下降。然而，下降情況因體能因素不同而異，即使是肌力也因部位而異。列舉代表上肢體能的握力和代表下肢體能的垂直跳為例說明。兩方面都因年齡增加而下降，但是達到最高峰和下降方式有很大不同。與每一個高峰相對，70歲的情況，握力只不過減少20%，但垂直跳卻減少50%。由此可知，形成所有動作基礎的下肢體能衰退比上肢顯著。雖然圖中沒有表示出性別資料，但是實際上因性別不同而下降的情況也不同。

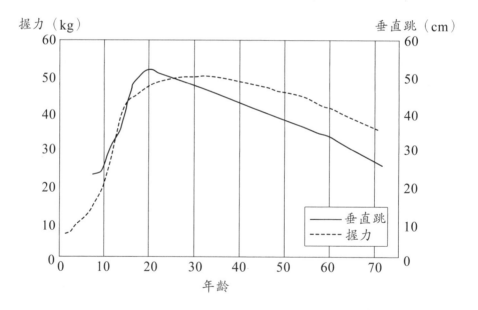

圖69　日本人男性加齡的體能變化：握力和垂直跳

（首都大學東京體能標準研究會：新·日本人的體能標準值II，不昧堂出版，2007年作圖）

二、高齡者的運動

　　高齡者要享有精力旺盛安全的日常生活，其重要的體能因素應包括肌力、全身性耐力以及柔軟性等。肌力是高齡者支撐日常生活的最重要支柱，是直接參與動的能力。全身性耐力是正確的有規律進行有氧性運動，就會有驚人提升攝氧量的效果，為最被了解的提升中高齡者的體能之一。柔軟性也是眾所熟知的要進行伸展運動。這三種體能因素變成提升高齡者生活品質（quality of life；QOL）不可缺的大關鍵。

　　與年輕人不同，高齡者一般不會抱著鍛鍊增強身體的想法。可是，因為不繼續訓練會失去提升或保持體能的意義，所以高齡者進行訓練至少應該持有兩個心理準備。①持有訓練比不訓練好的輕鬆愉快的心情②訓練是為了要儲備從事棒球或網球等運動的基礎。至少持有上述的兩個心理準備，才可能繼續不是很有樂趣的基礎性訓練吧！

（一）肌力

　　以肌力為首的提升肌肉機能的程序基礎，歸納於本書第四章第三節。「安全」是中高齡者訓練的關鍵字。因此，最好盡可能避免使用自由重量的槓鈴（free weight barbell）。理想的是利用可以實施等速性訓練的儀器，但是要往來健身俱樂部可能會既費時又麻煩。如果想在家輕鬆進行訓練，使用不需要用具設備的等長訓練最為適當。此外，在訓練中編入使用約1kg啞鈴的動性訓練也很好。金屬不外露的啞鈴是安全的。另一方面，使用輪胎的內胎（tube）也很好。

　　以提高肌肉機能作為目標時，容易被混淆的概念是肌力和肌耐力。兩者明確的不同在於肌肉的表現。肌力的訓練是肌肉變粗大變強，而肌耐力的訓練是肌肉不變粗大，但變得不易疲勞。總之，訓練的效果取決於負荷的大小。肌力訓練的負荷大而肌耐力的訓練負荷小。中高齡者如果想在家庭簡單輕易進行肌力訓練，使用輕負荷的動

性運動較爲理想。這種訓練雖然不能期待有大的肌力提升，但是肌力和肌耐力都會有提升現象，確實是有做比不做好的做法。此外，下肢和腰的肌肉應是適宜強化的鍛鍊部位。盡量的防止下半身的衰退，才可以享有精力旺盛的高齡社會。

　　近年來高齡者的體能受到關注的是肌肉減少症（sarcopenia）。語源是骨骼肌或肌肉（sarco）減少（penia）。認爲隨著年齡增加肌力顯著下降的老化現象是形成高齡者跌倒、骨折以及臥床不起等的最大原因。所以肌力訓練是最好的預防和改善的策略之一。

（二）全身性耐力

　　提升全身性耐力的基本程序，歸納於本書第四章第四節。內文中所記述的訓練三條件（強度、時間、頻率）乃是提升最大攝氧量的條件。可是，全身性耐力的測量指標不是只有最大攝氧量而已。生理學指標的有心跳率，心理學性指標是自覺運動強度，兩者都是可以容易測量的。比最大攝氧量在短時間就顯現出效果，又易於測量，同時也可以鼓舞繼續訓練的是心跳率和自覺運動強度。

　　一般性的，如同大部分的高齡者一樣，以維持健康或稍微提升健康爲目的時，不需要高強度的運動，基於如此觀念在我國（日本）提倡且普及的是「微笑輕鬆步調運動」。這種運動的強度，是圖56所示的乳酸閾值（lactate threshold；LT）。一般人爲40~50% $\dot{V}O_2max$，其運動強度大約等於輕鬆慢跑或步行。因爲這種運動強度可以和一起運動的人邊運動邊談話，所以曁輕鬆又可以容易繼續進行運動也是其優點。

（三）柔軟性

　　最近的高齡者，在年輕的時候爲提高柔軟性，一般都是做被動性的藉助別人的力量強迫自己關節伸展，或自己本身加以振動的運動以加強伸展。現在，這樣的柔軟運動被認爲是造成肌肉和肌腱組織損傷

的原因之一，所以現在幾乎都不從事這樣的運動。目前進行的是緩慢地讓肌肉和肌腱伸展的伸展運動，這種伸展運動也可以獲得比以前的柔軟運動更多樣化的效果，所以更廣泛更普及。

三、高齡者的營養攝取

本書第二章第六節歸納有營養素和其作用。關於攝取飲食的能量基準如表9所示，男性從50歲開始，女性從70歲以上，可以看到攝取熱量有減少的傾向，但是男女都是超過70歲以上即形成顯著減少現象。然而，表9的攝取熱量基準，與厚生勞動省的各種年齡區分不同，因考慮到基礎代謝量不同，故以50~60歲為一區分，70歲以上為一區分。因此，與一般的所謂以65歲以上為高齡者的基準不同，而以70歲以上做為高齡者的基準。以其攝取營養基準而言，與未滿70歲的成人的各種營養基準幾乎相同之外，另外為高齡者設定獨自的基準值的計有熱量、蛋白質、鈣質以及鐵等的營養基準。

隨著年齡增加各機能有下降傾向。因此，已在檢討關於營養攝取是否有必要將70歲以上細分。日本厚生勞動省之「日本人的飲食攝取基準」策劃制定檢討會（2009），使用國民健康和營養調查結果的資料，進行有關各年齡階層間的體位和血液檢查指標等身體狀況的差異性研究。其結果發現各年齡階層間沒有明確的顯著性差異。因此認為有關高齡者的營養策劃，與其依據實足年齡不如著眼於個別差異較為重要。

謝　誌

　　民國65年，個人由教育部遴選至日本國立筑波大學運動醫學研究室研究，研習期間與林正常教授有緣認識現任中京大學校長，當時任教於東京大學的北川薰博士。其後，與北川博士便互有往來，相互切磋。一方面，個人與林教授受邀前往東京大學時，北川博士於研習方面給予支持與協助；另一方面，北川博士亦經常來台講學或演講，對我國運動醫學與運動生理學之研究與水準之提升，助益匪淺。後來北川博士轉至以體育運動聞名的中京大學任教，曾指導多位我國學生，亦對我國赴日之留學生照顧有加。

　　今年四月，北川博士來函表示，欲回饋台灣對他多年之禮遇，擬無償提供版權給台灣，並希望我能將其運動とスポーツの生理學譯為中文，以供台灣友人廣泛地閱讀與參考。

　　翻譯並出版一本外文書籍，談何容易，何況個人已屆八十之齡？幸得向來頗具聲望之五南圖書公司慨允，願意肩負起出版與行銷之重任，並獲留日運動生理學專家，亦為師大學妹之郭志輝教授首肯，擔起合譯之責，才敢答允將北川校長大作譯為中文，於台灣出版。

　　此中譯本之順利誕生，首先要感謝郭志輝教授之全力配合。由於郭教授除運動生理學方面之專長以外，精通電腦，翻譯工作才得以迅速進行；其次，要感謝家人多方面的付出、照料和為媽媽這份「八十歲的人生賀禮」的鼓勵與協助，使我得以無後顧之憂地全心投入此書之研讀、翻譯、校稿、潤稿及各方面之溝通。另外，還要感謝李寧遠前輔大校長、葉憲清前國立體育學院校長及鄭志富師大副校長為本書為文推薦之用心和美意。最後，再次感謝日本市村出版社的無償提供版權及五南圖書公司出版之盛情。因為大家的協助、合作與鼓勵，此

書始得完成。除了在此向每一位直接、間接的參與者致上最深之謝忱之外，亦深盼此書之問世對台灣運動與競技運動生理學之研究有所助益。

黃彬彬　謹識

2014.7.10

主要參考書目（按年代遠近排序）

一、日文部分

- 運動の生理学，Karpovich著，豬飼道夫和石河利寬合譯，ベースボールマガジン（雜誌）社，1963
- 運動生理学入門第3版，豬飼道夫，杏林書院，1966
- 体育科学事典，豬飼道夫、江橋慎四郎、飯塚鉄雄以及高石昌弘等編，第一法規，1970
- 身体運動の生理学，豬飼道夫編，杏林書院，1973
- 人体筋のダイナミクス，金子公宥，杏林書院，1974
- 健康づくり運動カルテ，体育科學センター編，講談社，1976
- 人体出力の生理的限界と心理的限界，矢部京之助，杏林書院，1977
- ヒトの絶対筋力，福永哲夫，杏林書院，1978
- 心拍数の科学，山地啓司，大休館書店，1981
- スポーツ生理学，Fox著，朝比奈一男監譯，大修管，1982
- 日本人のエアロビックパワー，小林寛道，杏林書院，1982
- 運動生理学概論，宮下充正・石井喜八等編，大修管，1983
- 生理学第17版，眞島英信，文光堂，1985
- 人体解剖学第32版，藤田恒太郎，南江堂，1985
- 体力トレーニング，宮村石晴，矢部京之助等編，眞興交易醫書出版部，1986
- 身体組成とウエイトコントロール，北川薫，杏林書院，1991
- 生理学テキスト，大地陸男，文光堂，1992
- 生理学アトラス第2版，Sibernagal & Despopoulos等著，福原武彦和入來正躬譯，文光堂，1992
- 運動生理学，McArdle等著，田口眞善ら監譯，杏林書院，1992

- トレーニングの科学的基礎，宮下充正，ブックハウス·エイチディ，1993
- レジスタンストレーニング，トレーニング科学研究會，朝倉書店，1994
- 骨格肌に対するトレーニング効果，山田茂·福永哲夫等，NAP，1996
- 運動の神經科学，西野仁雄和柳原太，NAP，2000
- 運動と筋の科学，勝田茂編，朝倉書店，2000
- 健康·体力のための運動生理学，石河利寛，杏林書院，2000
- 登山の運動生理学百科，山本正嘉，東京新聞出版局，2000
- 改訂最大攝氧量の科学第2版，山地啓司，杏林書院，2001
- トレーニングによるからだの適応，平野裕一·加賀谷淳子編，杏林書院，2002
- ヒトの動きの神經科学，Leonard著，松村道一等監譯，市村出版，2002
- 年齢に応じた運動のすすめ，宮下充正，杏林書院，2004
- 脳の地図帳，原一之，講談社，2005
- 健康運動プログラムの基礎~陸上運動と水中運動からの科学的アプローチ~，北川薫編著，市村出版，2005
- 運動療法と運動処方，佐藤祐造編著，文光堂，2005
- 最新スポーツ科学事典，（社）日本體育学會監修，平凡社，2006
- 新版コンディショニングのスポーツ營養学，樋口滿編著，市村出版，2007
- 乳酸をどう活かすか，八田秀雄編著，杏林書院，2008
- 日本人の食事摂取標準「2010年版」，厚生勞動省「日本人的食事摂取基準」策定檢討會報告書，第一出版，2009
- スポーツ·エネルギー学序説，金子公宥，杏林書院，2011
- 機能解剖·バイオメカニクス，北川薫編，文光堂，2011
- トレーニング科学，北川薫編，文光堂，2011
- 日常生活における熱中症予防指針Ver.2，日本生氣象学會雜誌49(2)，日本生氣象学會，2012，HP(http：//www.med.shimane-u.ac.jp/assoc-jpnbiomet/pdf/shishin Ver3.pdf)

二、英文部分

- Physiology of strength, Hettinger, Charies C.Thomas Publisher, 1961
- Physiology of muscular activity 7th Ed., Karpovich & Sinning, W.B. Saunders Company, 1971
- Sports physiology 2nd Ed., Fox, Holt-Saunders International Editions, 1 984
- Physiology of exercise 2nd Ed., Lamb, MacMillan Publishing Company, 1984
- The elite athlete, Butts等編，Medical & Scientific Books, 1985
- High altitude deterioration, Rivolier等編，Karger, 1985
- Textbook of work physiology 3rd Ed., Åstrand & Rodahl, McGraw-Hill Book Company, 1986
- Environment and human performance, Haymes & Wells, Human Kinetics, 1986
- Somatotyping-development and applications, Carter & Heath, Cambridge University Press, 1990
- Strength and power in sport, P.V.Komi編，Blackwell, 1991
- Health fitness instructor's handbook 2nd Ed., Howley & Frank, Human Kinetics, 1992
- Skeletal muscle, McComas,Human Kinetics, 1996
- Neurophysiological basis of movement,Latach,Human Kinetics, 1998
- Physiology of sport and exercise 3rd Ed,Wilmore & Costill, Human Kinetics, 2004
- Exercise Physiology 4th Ed., McArdleら，Lea & Febiger, 2007

索 引

中文索引

國家圖書館出版品預行編目資料

運動和競技運動生理學／北川薰著；黃彬彬，
　郭志輝譯. ――二版. ――臺北市：五南，
　2024.09
　　面；　公分
　ISBN 978-626-393-573-0（平裝）

1.CST: 運動生理學

528.9012　　　　　　　　　　113010538

5J54

運動和競技運動生理學

作　　　者 ― 北川薰

譯　　　者 ― 黃彬彬（290.5）、郭志輝

企劃主編 ― 王俐文

責任編輯 ― 金明芬

封面設計 ― 封怡彤

出 版 者 ― 五南圖書出版股份有限公司

發 行 人 ― 楊榮川

總 經 理 ― 楊士清

地　　　址：106臺北市大安區和平東路二段339號4樓

電　　　話：(02)2705-5066　　傳　　　真：(02)2706-6100

網　　　址：http://www.wunan.com.tw

電子郵件：wunan@wunan.com.tw

劃撥帳號：01068953

戶　　　名：五南圖書出版股份有限公司

法律顧問　林勝安律師

出版日期　2014年10月初版一刷（共二刷）
　　　　　2024年 9 月二版一刷

定　　　價　新臺幣420元

經典永恆・名著常在

五十週年的獻禮——經典名著文庫

五南，五十年了，半個世紀，人生旅程的一大半，走過來了。

思索著，邁向百年的未來歷程，能為知識界、文化學術界作些什麼？

在速食文化的生態下，有什麼值得讓人雋永品味的？

歷代經典・當今名著，經過時間的洗禮，千錘百鍊，流傳至今，光芒耀人；

不僅使我們能領悟前人的智慧，同時也增深加廣我們思考的深度與視野。

我們決心投入巨資，有計畫的系統梳選，成立「經典名著文庫」，

希望收入古今中外思想性的、充滿睿智與獨見的經典、名著。

這是一項理想性的、永續性的巨大出版工程。

不在意讀者的眾寡，只考慮它的學術價值，力求完整展現先哲思想的軌跡；

為知識界開啟一片智慧之窗，營造一座百花綻放的世界文明公園，

任君遨遊、取菁吸蜜、嘉惠學子！